I0007284

Guía Para Generar Ingresos Pasivos

Versión Marketing en Redes Sociales

Cree Ingresos Pasivos Con El Comercio Electrónico Usando Shopify, Amazon FBA, Marketing De Afiliación, Arbitraje Minorista, Ebay Y Redes Sociales

Por
Income Mastery

Table of Contents

Introducción

A medida que aumenta la conectividad a través de Internet, también aumenta nuestra capacidad de hablar entre nosotros, compartir nuestras ideas y hacer nuevos amigos, todo desde la comodidad de nuestro hogar. Si bien a los medios de comunicación les gusta discutir las trampas y los peligros de las redes sociales, no debemos olvidar que esta conectividad sin precedentes nos otorga un poder tremendo. Como dueños de negocios, artistas y comercializadores, ahora tenemos la capacidad de llevar nuestros productos, nuestras ideas y nuestros sueños a quienes respondan positivamente. En 2019, hay más oportunidades que nunca para comercializar a través del poder de las redes sociales. Todo lo que se necesita es comprender las fuerzas que impulsan las redes sociales y una sincera seriedad para conectarse con las personas que buscan sus servicios.

Este libro lo llevará a través de los muchos pasos necesarios para convertirse en un comercializador de redes sociales, desde compartir los conceptos básicos para encontrar un nicho en línea hasta aprender los entresijos del uso de las plataformas de redes sociales más populares. Aprenderá a utilizar eficazmente

Facebook, Instagram, YouTube y otros medios de comunicación social para aumentar el rendimiento de su marca, así como encontrar personas que buscan productos como el suyo. Si usted es propietario de una pequeña empresa, un artista o un operador independiente que busca aumentar las ventas, obtener seguidores y conectarse con personas de ideas afines, ¡siga leyendo!

Capítulo 1: Razones principales para usar las redes sociales al crear un negocio en línea

Es posible que tenga algunas dudas sobre el uso de las redes sociales. Tal vez haya escuchado en las noticias todo este discurso sobre cuán malas pueden ser las redes sociales para las personas, o tal vez simplemente no se apresura a adoptar una nueva tecnología. Cualquiera sea el motivo de la vacilación, es comprensible. Pero si bien hay tantas historias por ahí que son tan rápidas de anunciar el destino de la humanidad gracias a las redes sociales, hay una cosa que a menudo damos por sentado: la conexión.

Antes de que apareciera Facebook, las personas no se veían ni escuchaban unas de otras a menos que llamaran o vivieran en la misma área. Con el advenimiento de las redes sociales, las amistades perdidas hace mucho tiempo se reavivó de repente. Los miembros de la familia que perdieron contacto encontraron una manera de hablar entre ellos de manera rápida y efectiva. Los números de teléfono cambian, las personas se mueven por todo el país, pero sus nombres permanecen igual. Las redes sociales reunieron a las personas de una manera completamente nueva. Se hicieron conexiones que ahora durarán para toda la vida.

Hay desafíos que enfrentaremos, debido a las consecuencias no deseadas de un mayor nivel de conectividad, pero el hecho es que las personas ahora pueden conectarse de formas nunca vistas en siglos pasados. Hay mucho de qué emocionarse cuando se trata de redes sociales, especialmente si usted es propietario de un negocio. Ahora puede vender sus productos a casi cualquier persona en línea, independientemente de su ubicación. No tiene que depender de costosos anuncios de radio o televisión para presentar su producto frente a las personas. El marketing nunca ha sido mejor, gracias a las redes sociales. ¡A continuación hay varias razones más para usar las redes sociales con fines de marketing!

Razón 1: Crea Conciencia

Sencillamente, tener una presencia activa en línea a través de varios medios de comunicación social aumenta la posibilidad de que su mensaje llegue a un cliente potencial. Internet es un lugar amplio y una gran cantidad de personas lo usan a diario, por lo que el simple hecho de que esté utilizando activamente las redes sociales aumenta en gran medida las posibilidades de que las personas se den cuenta de su negocio y su marca.

Razón 2: Controlas tu Imágen

Cada negocio tiene una reputación, tanto fuera de línea como en línea. Cuando un individuo busca información sobre una empresa, busca en línea. Si no tiene establecida una presencia en las redes sociales, no podrá tomar el control de su propia imagen ni de la narrativa que rodea su negocio. En cambio, lo que sea que la gente escriba sobre usted a través de sitios web de terceros, como Yelp o Google Reviews, será lo único que encontrará. Al tener una presencia establecida en las redes sociales, puede trabajar activamente para crear la imagen para su empresa que desee y asegurarse de que las personas vean lo que usted quiere que vean, en lugar de las imágenes aleatorias disponibles.

Razón 3: Fomenta el Compromiso

Las redes sociales están puramente diseñadas para el compromiso entre la empresa y el consumidor. Antes de la llegada de cosas como Facebook o Twitter, el compromiso solo ocurría cuando un cliente estaba dentro de la tienda, hablando con los propietarios o empleados. Ahora, un cliente o persona interesada puede interactuar con el negocio en cualquier momento que desee. Si tienen preguntas o inquietudes, puede responderlas lo antes posible. Puede ejecutar promociones o crear tendencias de marketing que hagan que las personas compartan sus enlaces entre sí, aumentando el tamaño de su mercado potencial.

Razón 4: Conoce a tu Público Objetivo

Comprender a su cliente es una de las partes más importantes de la gestión de un negocio. Ya sea que se trate de innovación, técnicas de marketing exitosas o simplemente crear un buen producto, tener una visión profunda de la mente de su cliente es clave. A través de las redes sociales, puede conocer a su público objetivo simplemente observando sus hábitos de publicación y cómo responden a sus propias publicaciones. Además de eso, incluso podrá medir el próximo interés en los productos sondeándolos o simplemente mostrando vistas previas de lo que está por venir. Esto lo ayudará a planificar con anticipación en términos de marketing para el lanzamiento de un nuevo producto.

Razón 5: Permanece en la Mente de tus Clientes

En la economía conectada actual, miles de productos, ideas y servicios pasan frente a los ojos del usuario a diario. Puede ser fácil para un cliente olvidarse de los servicios y productos que ofrece, simplemente debido al diluvio de otras cosas que compiten por su atención. Sin embargo, cuando tenga una presencia regular en las redes sociales, constantemente goteando publicaciones y conversaciones sobre sus productos, su empresa y su visión para el futuro, se mantendrá sutilmente en la mente de sus clientes. ¿Cuántas veces has visto un anuncio de un producto y has pensado, "oh sí, me olvidé de eso?" Hay muchas cosas que compiten tanto por la atención como por el dólar del cliente. Al usar las redes sociales para capturar continuamente su atención, incluso si es solo por un corto tiempo, comenzará a construir credibilidad como marca. Y, cuando el cliente está listo para comprar o usar un servicio, ¡ese goteo constante puede ser lo que lo lleve a su negocio!

Razón 6: No es una Gran Inversión

El marketing puede costar algo de dinero serio. Trabajar con una agencia de publicidad independiente no es barato, ni comprar espacio publicitario para televisión o radio. Sin embargo, la publicidad en redes sociales ha revolucionado el mundo publicitario porque es significativamente más barata que los esfuerzos publicitarios tradicionales. Además de eso, la inversión de tiempo es relativamente baja, gracias a los servicios de automatización, puede programar publicaciones y anuncios en lotes, ahorrándole valiosas horas de trabajo. Los sistemas analíticos que utilizan las plataformas de redes sociales también le permitirán aprovechar al máximo su inversión publicitaria, ya que puede evaluar constantemente el rendimiento de sus anuncios. La inversión es significativamente menor en comparación con otros métodos tradicionales de publicidad.

Razón 7: Es fácil de Aprender

Uno de los propósitos de este libro es ayudarlo a comprender cuán fácil es aprender el marketing en redes sociales. Si bien puede parecer complicado, especialmente si no eres del tipo que usa las redes sociales, es importante recordar que todos estos sistemas están diseñados por compañías que buscan hacer la experiencia de usuario más fácil. Todo lo que se necesita es disciplina para mantenerlo hasta que las redes sociales se conviertan en una segunda naturaleza para ti. No es tan complicado como parece.

Capítulo 2: Estableciéndose como un Influencer

En términos de redes sociales, un influencer es un individuo que tiene un seguimiento lo suficientemente fuerte como para poder influir en cómo otras personas ven los productos, ideas y servicios. Se considera que tienen fuertes habilidades de marketing simplemente por lo cerca que trabajan con sus propios fanáticos. Un influencer tiene una fuerte relación con sus seguidores, a menudo interactuando con ellos de una manera más profunda que les habla. Esto crea un poderoso vínculo de confianza. Entonces, todo lo que un influencer tiene que hacer es dar su sello de aprobación a un producto y sus seguidores rápidamente harán clic en el botón Comprar.

Los avales tradicionales de celebridades no son tan eficientes como las personas influyentes, principalmente porque las celebridades no tienen relaciones bilaterales con sus fanáticos. La relación es completamente unilateral. Entonces, si bien una celebridad podría lanzar una nueva parrilla en la televisión, los fanáticos de esa celebridad podrían sentir cierto escepticismo, porque no es más que un respaldo pagado. Sin embargo, es diferente con un influencer, ya que la relación va en ambos sentidos. El influencer se comunica estrecha y personalmente con el fanático y, como tal, gana esa confianza adicional.

Convertirse en un influencer usted mismo es una excelente manera de ganarse la confianza de su base de fans y aumentar la lealtad entre ellos. Además, también te convierte en una voz autorizada en el campo que has elegido. Esto aumenta las posibilidades de que nuevos clientes vean su negocio y sus productos.

Los secretos de Convertirse en un Influencer

Secreto 1: Cuidado y Conexión

El secreto central para ser un influencer es un principio: la conexión humana. Por encima de todo, un influencer es alguien que tiene una fuerte relación con sus seguidores. Sin esa relación, no tendrás influencia sobre nadie. Entonces, realmente, lo más importante para recordar es que debes apreciar y cuidar a tus seguidores. Cuando se hacen preguntas, responda a ellas con seriedad y honestidad. Cuando se hacen comentarios, ya sean negativos o positivos, responda adecuadamente. Sé amable y atento con aquellos que toman tiempo de su día para comunicarse con usted.

Secreto 2: Se Trata de Ellos, No de Ti

Cuando se comercializa en línea, es muy fácil volverse egocéntrico. La idea de que el marketing en redes sociales puede ayudar a generar ingresos a veces puede ser demasiado emocionante para el propietario de un negocio y, como tal, pasan la mayor parte, si no todo el tiempo, hablando de sus propios productos. Sin embargo, esta no es una excelente manera de hacer amigos. Piénselo, ¿quiere pasar tiempo hablando con alguien que solo habla de sí mismo? El narcisismo de marketing debe evitarse a toda costa. En lugar de conectar constantemente tus propias cosas en cada publicación, enfócate en hacer preguntas, generar compromiso y aprender sobre tus seguidores. Tener una conversación que va y viene. No pierdas su tiempo y el tuyo publicando constantemente sobre tus productos una y otra vez. En todo caso, solo te hace ver preocupado solo con tu negocio y no con tus seguidores.

Secreto 3: Proporcionar Valor

Influir se trata realmente de proporcionar valor a los clientes y seguidores por igual. El valor se define simplemente como cualquier cosa que el objetivo demográfico les resulte útil en su vida diaria. Puede ser cualquier cosa, desde entretenimiento, educación, hasta responder preguntas difíciles que tengan. Los seguidores siempre están buscando la mayor cantidad de valor en línea. Dependiendo de su mercado, pueden encontrar diferentes cosas más valiosas que otras. Por ejemplo, un negocio de control de plagas proporcionará una cantidad significativa de valor al crear publicaciones sobre cómo lidiar con ciertos tipos de plagas. Sus clientes no buscan videos divertidos o fotos de gatos, sino que buscan soluciones a los problemas de plagas que están teniendo.

Al proporcionar valor a sus seguidores, creará más confianza y generará buena voluntad de su parte. Esto también aumenta tanto su autoridad como su credibilidad, lo que amplía su papel como influencer. Al enfocarse en crear publicaciones valiosas que informen, eduquen o entretengan a sus seguidores, les indicará que se preocupa por ellos.

Secreto 4: Conéctate con Otros Influencers

Es probable que no esté solo en el mercado en el que está trabajando. Si ese es el caso, lo más probable es que haya otras personas influyentes en ese campo. Pero no mire a estos otros influencers como competencia, más bien, mírelos como aliados potenciales. Cuando se trata de promoción en línea, nunca puedes tener demasiados amigos. Siempre que tenga algo que ofrecer a otra persona influyente, como credibilidad o información, debe comunicarse y tratar de establecer una relación con ellos. Algo tan simple como seguirlos, comentar sus publicaciones o en ciertas plataformas, como Twitter, retuitearlos puede funcionar para crear una relación con ellos. Con el tiempo, ambos podrán ayudarse mutuamente y ampliar su audiencia. Esto se puede hacer de varias maneras, como ejecutar una promoción exclusiva para los seguidores de ese influencer, escribir una publicación de invitado o pedirles que escriban una publicación de invitado para usted o incluso ir a su podcast o programa de YouTube.

Por supuesto, es importante mirar a los otros influyentes en ese campo como personas y no solo como un medio para un fin. No esperes que hagan cosas por ti solo porque lo preguntaste. En cambio, trabaje para proporcionarles valor también y cree una relación mutuamente beneficiosa. Construye una amistad y haz lo que puedas para ayudarlos en sus esfuerzos.

Secreto 5: Sé una persona

Si bien ciertamente tiene un negocio que administrar, si desea convertirse en un influyente, debe estar dispuesto a al menos ponerle cara a la marca. Esto ayudará a las personas a verte más como una persona y menos como otra compañía sin alma para exprimir la mayor cantidad de dinero posible de los clientes. Sea honesto y personal, comparta sus propios sentimientos y opiniones. Por supuesto, hay algunas advertencias sobre esto. No desea compartir demasiado y, desde luego, no quiere violar ningún tema incómodo con sus opiniones. En cambio, trate de encontrar un equilibrio entre la empresa y la persona. La gente debería ver que su negocio es una extensión de su propia creatividad, sus sueños y su pasión.

Errores a evitar definitivamente

Error 1: Comportamiento inapropiado

No hay forma más rápida de que un influencer pierda su estado que un comentario o comentario inapropiado en línea. Lo más importante para recordar es que una vez que algo está en línea, está ahí para siempre. Algunas personas pueden publicar algo ofensivo por solo unos segundos antes de que la razón se apodere y lo eliminan rápidamente. Sin embargo, es probable que alguien haya tomado una captura de pantalla. No querrás ser alguien que pierda casi toda su credibilidad y buena voluntad por un solo comentario. Por lo tanto, es de suma importancia que evite cualquier tipo de comportamiento negativo hacia otros en línea. Sin insultos, comentarios desagradables ni nada que pueda percibirse de esa manera. Siempre tome un minuto para reflexionar antes de enviar algo inflamatorio en línea y pregúntese si hay alguna recompensa por lo que está eligiendo. Por lo general no lo hay.

Error 2: Falta de Divulgación

Las relaciones entre el público y las personas influyentes requieren una gran cantidad de confianza en ambos lados. Algunos influencers pueden terminar promocionando productos a los que se les ha pagado, ya sea a través de endosos o simplemente cortando un cheque. No revelar ningún tipo de compensación por promoción es inherentemente deshonesto. Una audiencia merece saber si sus acciones son de su propia voluntad o si alguien más le está pagando o compensando por hacerlo. Si no revela esta información y sus seguidores se enteran, esa confianza se romperá y se lo considerará como un complice. Por supuesto, cuando administra una empresa, es posible que no se encuentre con este problema con demasiada frecuencia, pero a veces la empresa buscará intercambiar opiniones entre sí, ofreciéndole 5 estrellas a cambio de que usted haga lo mismo. Esos tipos de arreglos no son éticos y deben evitarse si desea tener confianza y conexión con su audiencia.

Error 3: Deshonestidad

Junto con la falta de divulgación, no hay nada peor que un influencer que está siendo deshonesto con sus seguidores. Como propietario de un negocio, existe la expectativa de que sus reclamos sean verificables y respaldados por evidencia real. Cuando un cliente le compra un producto y descubre que usted ha exagerado o mentido abiertamente sobre las capacidades del producto, corre el riesgo de perder toda credibilidad. Lo más importante que puede tener un negocio en línea es la credibilidad. Las personas corren riesgos cuando compran en línea, especialmente cuando se trata de un negocio por primera vez. Sea lo más honesto posible cuando promocione o discuta los productos. Si hubo un retraso importante en el envío de un pedido, sea directo al respecto. El diálogo siempre es mejor que el silencio, incluso si no compartes buenas noticias con tus seguidores.

Error 4: Compromiso de Compra

Algunas personas que desean convertirse en personas influencers pueden decidir que sería beneficioso si aumentaran la cantidad de seguidores que tienen. Al usar un sistema de terceros, pueden decidir comprar seguidores o un número determinado de "me gusta" para una publicación. Esto puede parecer una excelente manera de hacer que parezca que tienes muchos seguidores, pero en realidad, no está haciendo mucho por ti. Los seguidores que no sean personas reales no podrán participar, compartir su contenido y ayudar a promocionar su trabajo. En otras palabras, si tienes 1000 seguidores falsos, no eres un influencer porque esos seguidores no harán nada. Evite los servicios y las empresas que ofrecen aumentar su presencia en las redes sociales o convertirlo en un influyente a través de estas tácticas sospechosas. En el mejor de los casos, aumentará los números pero no tendrá nada sustantivo y, en el peor de los casos, podría ser atrapado por las plataformas de redes sociales que tienen reglas explícitas contra tales prácticas.

Después de todo, convertirse en un influencer requiere un plan estratégico, paciencia y la voluntad de comprometerse profundamente con las personas durante el proceso de varios años. No hay un camino rápido para convertirse repentinamente en un influencer a quien todos buscan orientación. Sucede con un seguidor a la vez. Sea paciente, concéntrese en crear valor y, sobre todo, busque una conexión genuina con las personas que lo siguen. Una sola persona convertida en tu tribu, que te sigue y busca orientación de tu marca es más valiosa que diez seguidores habituales.

Capítulo 3: Iniciar un negocio en línea usando las redes sociales

Si está comenzando desde cero, tal vez comenzando un negocio en línea por primera vez, puede encontrar que la gran cantidad de opciones es abrumadora. Internet tiene muchas herramientas para comenzar y, gracias a la infinidad de guías, tutoriales y sitios web, puede terminar sintiéndose perdido en la avalancha de información. Este capítulo es para ayudar a servir como una guía general para iniciarse en el mundo de los negocios en línea, con un enfoque en el desarrollo de una presencia en las redes sociales a largo plazo.

Encontrar su Nicho (y su Mercado)

Un negocio en línea tiene una ventaja significativa sobre las tiendas locales de ladrillo y mortero: el nicho. Cuando se trata de comenzar una tienda de ladrillo y mortero, deberá considerar cosas como la ubicación de la tienda, lo que es popular en esa ciudad, lo que más vende, etc. Con el alquiler tan costoso, si elige el tipo de producto incorrecto , ni siquiera podrá cubrir el costo del edificio.

Sin embargo, para el marketing en línea, las cosas son mucho más fáciles. Dado que no hay una población "local" de la que preocuparse en línea, puede estar seguro de que si encuentra el nicho adecuado, podrá dirigir clientes de todo el mundo a su tienda. El truco, sin embargo, es encontrar un nicho que venda bien, atraiga a los clientes y sea lo suficientemente único como para evitar la competencia directa con compañías más grandes que pueden subvencionarte y promocionarte.

Encontrar un nicho de mercado es probablemente la parte más difícil de administrar un negocio en línea. Si el mercado es demasiado pequeño, no moverá suficientes productos para obtener ganancias. Si el mercado es demasiado grande, sin duda tendrá competidores más grandes que serán más baratos y más eficientes. Por lo tanto, es de suma importancia ubicar el nicho adecuado a través de una serie de pasos simples que lo ayudarán a construir un negocio próspero.

Encontrar un Nicho

Paso 1: Identifica tu Propia Pasión

Comercializar y vender es difícil si no tienes una verdadera pasión por los productos que estás vendiendo. Dirigir un negocio es un compromiso serio y si no te apasiona lo que estás haciendo, es posible que te sientas harto de eso después de un tiempo. Además, la tarea de marketing y compartir a través de las redes sociales sonará vacía, ya que no te encantan los productos que estás lanzando.

Por lo tanto, la forma más efectiva de crear un negocio en línea es encontrar algo que realmente le interese. La pasión se muestra, especialmente cuando se trata de publicidad. Si no puede entusiasmarse con un producto, ¿cómo podría hacerlo el cliente?

Paso 2: Evaluar la Competencia

Uno de los principales inconvenientes del comercio en línea es el hecho de que no está solo. Podría haber otros competidores en su campo y pueden tener significativamente más recursos o credibilidad que usted. Lo que no desea es mudarse a un espacio que esté superpoblado o dominado por una gran corporación que acaparará la mayor parte del pastel. En cambio, desea encontrar áreas donde la competencia es bastante baja, pero la demanda del producto de nicho es relativamente alta. Esto no es fácil y requerirá un poco de investigación por tu parte.

La evaluación de la competencia simplemente requiere el uso de motores de búsqueda y palabras clave para encontrar tiendas en línea para productos. La primera página del motor de búsqueda siempre será su mayor competidor en el campo. Por ejemplo, si está pensando en comenzar un negocio de piscinas inflables, querrá buscar términos que un cliente buscaría, como piscinas inflables en venta o piscinas inflables baratas. Estos términos de búsqueda son lo que llamamos palabras clave. Las palabras clave son la forma principal en que un negocio se encuentra a través de un motor de búsqueda.

Al utilizar palabras clave en su búsqueda, puede encontrar competidores potenciales y evaluar la fortaleza y el tamaño del mercado. Con la ayuda de herramientas analíticas, como Google Trends, incluso puede ver cuántas personas han estado buscando ese término en el transcurso de los últimos meses. Una palabra clave que tiene una gran cantidad de competidores indica que debe establecer un nicho en otro lugar. Una palabra clave que genera una competencia media a baja y una gran cantidad de personas que buscan el término pueden indicar que puede establecer un mercado en esa área.

La investigación de palabras clave es una parte necesaria no solo para identificar a su competencia sino también a su mercado objetivo. Si mucha gente está buscando lo que tienes, pero hay una pequeña cantidad de sitios web que ofrecen ese bien o servicio, has identificado un mercado desatendido. Este es el lugar perfecto para configurar su tienda y comenzar a trabajar para satisfacer las necesidades del mercado.

Paso 3: Diferencia tu Producto

Una forma de encontrar su nicho es enfocarse en la diferenciación de su producto de los demás en el mercado. Descubrir cómo hacer algo más barato, más eficiente o diferente con el mismo producto lo ayudará a diferenciarse de los cientos de otros productos similares. Cuanto más pueda diferenciar su producto, más nicho se convertirá. Esto lo ayudará enormemente a marcar su producto. Al crear algo diferente y utilizar la publicidad para ayudar a los consumidores a saber qué hace que su producto sea diferente de sus competidores, lo distinguirá de los demás. La diferenciación es imprescindible, especialmente si está entrando en un mercado lleno de dura competencia.

Paso 4: Limite su Mercado

Un nicho se trata de apuntar a un mercado estrecho, preferiblemente uno que está desatendido en el espacio en línea. Esto significa que tendrá que reducir sus datos demográficos y centrarse en atacar solo a un grupo específico de personas. Si bien sería maravilloso tener un producto que sea atractivo para todos, la verdad es que obtendrá más millaje de especificidad. Al crear un grupo demográfico específico y estrecho al que planea apuntar, tendrá una mejor oportunidad de obtener clientes de calidad que convertirán y comprarán sus productos. El nicho de marketing se trata de encontrar a las pocas personas que comprarán, en lugar de poner su anuncio frente a un gran grupo que simplemente lo ignorará. Esto puede parecer un poco contradictorio al principio, pero piénselo. Tiene un presupuesto publicitario limitado y una cantidad de tiempo limitada. Al reducir el mercado y apuntar solo a un grupo demográfico específico, obtendrá el máximo retorno de su inversión.

Estrechar requiere investigación. Buscar informes de los consumidores, descubrir qué género hace la mayor cantidad de compras en el campo, determinar la edad y los hábitos de gasto requiere un poco de trabajo, pero eso te ayudará a perfeccionar y crear lo que se conoce como avatar. Un avatar es una personificación del cliente ideal. Esta es la persona que desea encontrar en línea, la que desea ver sus anuncios y comprar sus productos. Por ejemplo, si está ejecutando una pequeña tienda especializada en cebos para la pesca, su avatar podría terminar siendo un hombre de mediana edad con una carrera estable, que pasa la mayor parte de su tiempo viendo programas de pesca y gastando sus ingresos disponibles en artes de pesca.

Gracias a los métodos de hiper-focalización de varios sistemas de redes sociales, puede comunicarse con este tipo de personas y conectarse con ellas, transmitiendo su mensaje y ahorrando tiempo y dinero. Poner un anuncio de pesca frente a 10,000 personas que no pescan no es tan valioso como poner tu anuncio frente a 100 personas que lo hacen.

Tenga algunos avatares específicos en su cabeza cuando comience a trabajar. Al crear una campaña publicitaria, pregúntese, ¿a qué avatar está tratando de llegar? Algunos productos pueden atraer a diferentes grupos y grupos demográficos por diferentes razones, lo que a su vez influirá en sus campañas publicitarias. En lugar de tener un anuncio genérico diseñado para llegar a tres grupos, puede desarrollar tres anuncios específicos para cada avatar.

Poner en Marcha las Redes Sociales

Una vez que haya hecho el trabajo preliminar, haya determinado qué productos va a vender y quiénes son sus datos demográficos, es hora de comenzar a prepararse para sus plataformas de redes sociales. Deberá configurar un perfil en todas las plataformas que desee utilizar. Cubriremos cómo comercializar en cada una de las principales plataformas de redes sociales en capítulos posteriores, pero hay principios simples y universales que cubren la creación de un perfil en casi cualquier lugar.

Consejo de Perfil 1: Use una Marca Consistente

Debe tener un logotipo y un banner de alta calidad que se use en cada perfil que configure. Un cliente debe poder pasar de su página de Facebook a su página de Twitter y recibir las mismas imágenes en ambos. La marca visual es importante para lograr que los clientes creen una asociación sólida entre los colores que usa y los productos que vende. Esto significa que debe mantenerse constante en todos los ámbitos. Si usa un banner en un perfil, debe usarlo en todos los demás perfiles.

Consejo de Perfil 2: Tenga un Mensaje Claro

En los apartados referentes, debe tener una descripción clara y concisa de su empresa o su producto. Concéntrese principalmente en los beneficios que confieren e intente mantener las descripciones lo más cortas posible. El mensaje debe transmitirse de un vistazo. La mayoría de las personas hará clic rápidamente en un enlace o mirará una "página acerca de" durante solo unos segundos, así que obtenga la información crucial lo más rápido posible.

Consejo de Perfil 3: Mantente Profesional

Su perfil debe incluir todos los detalles profesionales relevantes, como la ubicación de su tienda (o el sitio web), las horas en que opera, etc. Evite bromas, detalles sin sentido o instrucciones vagas.

Consejo de Perfil 4: Tenga Palabras Clave en su Descripción

Las palabras clave, como se mencionó anteriormente, son una de las partes más importantes del marketing en línea. Cuando las personas buscan en línea, a menudo escriben cadenas específicas de palabras clave con la esperanza de encontrar lo que están buscando. Al incluir palabras clave orgánicamente en sus descripciones, puede ayudar a dirigir los motores de búsqueda hacia su empresa. Pero es importante tener un equilibrio con las palabras clave, ya que algunas personas se van por la borda, queriendo incluir la mayor cantidad posible en una descripción, pero la mayoría de los motores de búsqueda están buscando tales trucos y tienden a ignorarlos. Entonces, una descripción de su negocio podría decir "Aquí vendemos solo el mejor cebo de pesca para mero". Esto es excelente porque incluye una palabra clave que incluye detalles específicos "cebo de pesca para mero". Si alguien escribiera "Aquí vendemos todos los el mejor cebo de pesca, cebo para mero, cebo para mero y todos los demás tipos de cebo para mero ", no solo parece pegajoso, sino que tampoco engaña a ningún motor de búsqueda. Intente incorporar palabras clave específicas de la manera más natural y orgánica posible.

Consejo de Perfil 5: Hazlos Todos a la Vez

Como verá en este libro, puede elegir entre muchas opciones de redes sociales. Cuando haya seleccionado las plataformas en las que desea operar, sería una buena práctica crear todas sus páginas y perfiles de una sola vez. De esa manera, puede mantener las cosas consistentes, copiar y pegar las descripciones de una página a otra. Recordará dónde colocó todos los logotipos y pancartas y no tendrá problemas con la dilación cuando se trata de hacer más perfiles más adelante. Lo más importante es que podrá comparar todos los perfiles al mismo tiempo y asegurarse de que todos sean uniformes y consistentes con su marca.

Una Palabra sobre Palabras Clave

Las palabras clave son la columna vertebral de todo tipo de marketing en línea, pago, redes sociales o de otro tipo. Si desea tener éxito en sus esfuerzos comerciales, simplemente debe aprender a dominar las palabras clave en todos los aspectos.

Los motores de búsqueda son cómo se encuentra cualquier cosa en línea. Como mencionamos anteriormente, cuando una persona está buscando algo, primero escribirá una frase establecida en un motor de búsqueda. Luego, el motor buscará la información más relevante que pueda encontrar y luego presentará una compilación de resultados, clasificando desde los más relevantes y populares hasta los menos relevantes y populares. La primera página de Google, por ejemplo, es uno de los lugares más importantes en los que puede aparecer un resultado de búsqueda. Las personas que buscan un tema generalmente seleccionan los primeros resultados en Google. Solo aquellos que no pueden encontrar lo que buscan pasan la primera página.

Si desea que lo encuentren cuando las personas están buscando, debe aprender a buscar las palabras clave adecuadas. Las palabras clave pueden ser la vida o la muerte de su producto, independientemente de dónde lo promocione. Incluso la publicidad paga se basa en las palabras clave correctas para dirigirse al público apropiado. Entonces, si desea encontrar el éxito, tendrá que aprender a investigar palabras clave de manera efectiva.

Lo primero a considerar con las palabras clave es la popularidad. Cualquier mercado que llene probablemente tendrá palabras clave genéricas y grandes que son utilizadas por compañías más grandes y fuertes que usted. Dado que los motores de búsqueda buscan no solo relevancia sino también popularidad, esto significa que esas compañías generalmente se mantienen en la parte superior de la página principal. No desea intentar competir por ese espacio, es simplemente demasiado difícil para que una pequeña empresa pueda hacerlo. En su lugar, desea trabajar para encontrar frases específicas que la gente esté buscando, que tengan una competencia considerable. Pero, ¿cómo encontramos exactamente estas palabras clave? Mediante el uso de programas de búsqueda de palabras clave.

La investigación de palabras clave debe ser una parte importante de su estrategia de marketing. Debería estar dispuesto a dedicar un poco de tiempo para encontrar las palabras clave adecuadas que utilizará en sus descripciones de productos, en sus anuncios y en su sitio web. Para ayudarlo en este proceso, querrá utilizar herramientas profesionales diseñadas para ayudarlo a rastrear palabras clave. Estas herramientas le mostrarán cuántas personas están buscando dichas palabras clave, lo ayudarán a planificar qué palabras clave usar y, lo que es más importante, recomendarán palabras clave basadas en la información que ya tiene.

Estas herramientas generalmente deben comprarse, pero ese es simplemente el precio de hacer negocios. Si tiene las palabras clave adecuadas para sus productos, podrá generar tráfico orgánico a través de los motores de búsqueda hacia sus productos. Esta práctica se conoce como Search Engine Optimization (Optimización para Buscadores) o SEO, para abreviar. El SEO a menudo obtiene una reputación extraña entre aquellos que no están familiarizados con la práctica. O bien, se dice que el SEO está muerto debido a los cambios en la forma en que funcionan los motores de búsqueda, o la gente asume que el SEO requiere algún tipo de piratería no ética y de sombrero negro.

En verdad, SEO simplemente está optimizando su contenido, las descripciones de sus productos y su sitio web para que las personas tengan más facilidad para encontrarlo cuando realizan búsquedas en línea. Al elegir las palabras clave correctas, utilizando buenas frases cortas y largas que sean relevantes para la descripción del producto, estará superando a la competencia.

Es importante pasar tiempo leyendo sobre las prácticas de SEO. Hay muchas cosas que puede hacer para ayudar a mejorar la visibilidad de su contenido y, a medida que se actualizan los motores de búsqueda, las prácticas pueden cambiar. Sin embargo, sería prudente mantenerse alejado de los servicios que ofrecen "optimización SEO" y hacer todo tipo de grandes promesas. La mayoría de las veces, estos servicios tienden a utilizar acciones anticuadas o poco éticas que no ayudan con nada más que malgastar su dinero.

Si bien existen empresas que pueden ayudar legítimamente a optimizar sitios web y contenido para SEO, es mejor que al menos aprenda los conceptos básicos, para que pueda identificar si dichos servicios son necesarios. Muchos de los conceptos básicos se pueden hacer usted mismo. Lo más importante, con la naturaleza de los sistemas de clasificación en constante cambio utilizados por los motores de búsqueda, deberá mantenerse actualizado constantemente, para que sepa si su SEO actual sigue siendo efectiva.

Al final, las palabras clave son el alma de una buena publicidad. Si no puede determinar qué palabras clave atraerán a su grupo demográfico objetivo, se perderá mucho tráfico orgánico y tendrá dificultades a la hora de desarrollar un mercado objetivo para la publicidad paga. Encuentre una buena herramienta para palabras clave, aprenda cómo usarla correctamente y luego dedique todo el tiempo que pueda a recopilar las palabras clave adecuadas para su empresa y su contenido.

La Importancia de la Consistencia y el Tono

Mantener un mensaje coherente en todas las plataformas es importante si desea transmitir un tipo específico de imagen de su marca a las personas. Recuerde, en la economía en línea de hoy, la marca es extremadamente importante. Si desea poder vender sus productos, deberá desarrollar una marca sólida. Y la clave para una buena marca es la consistencia. Esto se reduce a cosas simples, como la elección de colores entre anuncios. Es importante determinar qué colores representan su marca, y luego, cuando los tenga, úselos como sus colores primarios en el diseño visual. Una vez que se ha elegido un tipo de letra para su marca, siga usando ese tipo de letra para cualquier anuncio con letras.

Desea mantenerse constante para que las personas comiencen a identificar rápidamente su marca. Piensa en los icónicos colores y letras de Coca-Cola. En el momento en que ve esa combinación, su cerebro comprende casi instantáneamente que está viendo un anuncio de Coca-Cola. Cambiar los colores constantemente, usar diferentes tipos de letra y falta de consistencia puede confundir a sus clientes. A veces, incluso pueden confundirte con una marca diferente. Esto dificultará todos sus esfuerzos para fomentar la confianza hacia su marca, simplemente porque el cliente no se dará cuenta de que su anuncio está asociado con su empresa, lo que significa que todo el trabajo de su marca fue en vano. Manténgase consistente con sus imágenes, mantenga los mismos colores y tipografía, pase lo que pase.

El tono es otra parte importante de una marca efectiva. Su producto satisfará algunas necesidades del mercado y, como resultado, el tono debe coincidir con el grupo demográfico al que se dirige. Si está vendiendo algo divertido, entonces un tono ligero y casual es importante. Hacer bromas, compartir memes y bromear es una parte importante de esa imagen de marca. Pero si está vendiendo algo que se dirige a personas serias y profesionales, entonces publicitaría de manera profesional.

Lo más importante con el tono es que se mantiene en todas sus plataformas. El cambio de tono de una plataforma a otra puede ser discordante y confuso para los lectores que lo siguen en múltiples sitios de redes sociales. Por ejemplo, si eres tonto e irreverente en Facebook, pero extremadamente serio en Twitter, las personas recibirán mensajes contradictorios sobre tu empresa. En su lugar, trate de mantenerse lo más consistente posible, de mantenerse al día con el mensaje de su empresa y evite comprometer la forma en que se presenta de alguna manera.

Capítulo 4: Monetizando a tu Audiencia

Para monetizar una audiencia, primero debe poder demostrar que sus productos o servicios aportan valor a sus vidas. El concepto central de todo buen marketing es que debe proporcionar valor y, a su vez, las personas responderán a ese valor haciendo compras. El marketing no es un juego de suma cero. Cuando una persona compra un producto, es porque cree que el producto mejorará sus vidas de alguna manera. Entonces, realmente, la monetización es un escenario de ganar-ganar. El cliente gana porque obtiene algo que proporcionará valor a sus vidas y usted gana porque gana una venta.

Sin embargo, la mayoría de las personas son exigentes con su dinero. Para convencerlos de que compren sus productos, deberá moverlos a través de un embudo, obteniendo primero su atención y luego su confianza, lo que luego conduce a una venta potencial.

Internet es un gran lugar y hay miles de cosas que compiten por la atención de un cliente potencial. Pero la atención es casi similar a una moneda en el mundo del marketing en línea. Si desea monetizar a su audiencia, primero necesitará que presten atención a sus productos, anuncios y lanzamientos. Esto se puede hacer de dos maneras: creación de contenido o publicidad dirigida.

Creación de Contenido

El contenido relevante ayuda a captar la atención de los clientes potenciales y pone su marca directamente frente a ellos. Las personas siempre buscan valor en línea y el contenido que les proporciona la mayor cantidad de valor significa que también prestarán más atención a ese contenido. Si desea ser un excelente comercializador, significa que deberá estar dispuesto a crear ideas interesantes, relevantes y atractivas que eduquen, entretengan o atraigan a su audiencia.

Este tipo de contenido puede variar mucho, pero en su mayor parte, está disponible gratuitamente para su consumo en línea. Si el contenido no es gratuito, entonces es un producto. El razonamiento detrás de esto es simple: si crea contenido gratuito e interesante, no solo está captando la atención de su público objetivo, sino que también está generando confianza y buena voluntad. Si una persona se convierte en fanática del contenido que proporciona, tendrá muchas más posibilidades de convertirse en una venta que si no estuviera familiarizado con su marca por completo.

Por supuesto, el contenido debe ser de buena calidad y relevante para los intereses de su audiencia, si va a poder generar confianza. Crear contenido que esté fuera de sus intereses demográficos objetivo corre el riesgo de atraer a miembros de la audiencia que no podrán realizar la conversión, desperdiciando efectivamente sus esfuerzos.

¿Cuáles son algunos tipos de contenido que pueden ayudar a educar y monetizar a su audiencia? Hay mucho de donde escoger:

Blogs

Un blog es una excelente manera de obtener una cantidad constante de tráfico web para visitarlo. Crear un blog es bastante simple y puede tenerlo como parte de su sitio web, lo que permite a los visitantes hacer clic en él de forma natural para obtener más información sobre la empresa y las personas que lo respaldan. Cuando piense en crear contenido de blog, simplemente trate de concentrarse en ayudar a sus clientes tanto como sea posible. No trate su blog como una plataforma para anunciar, porque eso realmente no ayuda a nadie. Ya están en su sitio web, por lo que saben de qué se trata su empresa. En lugar de eso, bríndeles valor escribiendo buen contenido que los atraiga o los eduque. Si puede mantener a un seguidor visitando constantemente su blog, semana a semana, es probable que terminen convirtiéndose en algún momento.

Podcast

Un podcast es similar a un blog, aunque requiere un poco más de tiempo y un poco de inversión en términos del micrófono y otros equipos necesarios para ejecutar un espectáculo. Sin embargo, si puede crear podcasts interesantes y atractivos que generen seguidores, tendrá una tasa de conversión mucho mayor que si escribiera un blog. Los anunciantes de podcasts como MidRoll descubren que las personas que escuchan anuncios en sus podcasts pueden tener una tasa de conversión de hasta el 61%, lo cual es fenomenal.

Contenido de Video

El contenido de video es otra excelente manera de proporcionar valor a los consumidores. Al crear videos que brinden soluciones a problemas específicos o contenga bocetos entretenidos que la gente disfrute, podrá crear seguidores de su propia marca. Por supuesto, el inconveniente aquí es que, de todas las formas de creación de contenido, hacer que el contenido de video sea el más complicado. Sin embargo, si es práctico con una cámara y tiene algunas ideas de lo que la gente en su mercado está buscando en un video, debe intentarlo. Crear un canal de YouTube donde las personas puedan encontrar videos útiles puede convertirse rápidamente en conversiones, especialmente si tiene buenas demostraciones de sus productos disponibles para que puedan verlos.

Contenido Visual

El arte, las ilustraciones, las infografías y los memes son excelentes tipos de contenido que pueden no convertir directamente a las personas, pero que le proporcionarán un flujo constante de imágenes para compartir en las redes sociales. Tomarse el tiempo para desarrollar realmente este tipo de contenido le proporciona material visual que puede usar todo lo que quiera. Además de eso, al compartirlos a través de las redes sociales, existe la posibilidad de que otros publiquen o vuelvan a publicar lo que ha hecho, lo que amplía su alcance y tiene la posibilidad de atraer a más personas a su página o sitio web de redes sociales.

¿Qué sucede si no puedo producir nada de este contenido?

Si carece de las habilidades, el tiempo o incluso la creatividad para crear el contenido anterior, tiene dos opciones. El primero es que te centras completamente en la publicidad dirigida. Si bien es posible que pueda generar muchas ventas de esa manera, se está perdiendo la capacidad de atraer pasivamente a sus seguidores. La segunda opción sería contratar a un profesional independiente para que te ayude a desarrollar contenido. Gracias a la economía de los conciertos en línea, los sitios web como Upwork permiten a los propietarios de negocios contratar freelancers para desarrollar contenido para ellos por una tarifa fija. Luego, puede usar ese contenido como propio y usarlo para ayudar a generar más interés en sus productos.

Publicidad Dirigida

La segunda forma de monetizar a su audiencia es usar publicidad dirigida. Si bien las redes sociales en sí son buenas formas orgánicas para crear conciencia sobre su producto y tener conversaciones con clientes potenciales, existen algunos inconvenientes. Lo más importante es que los medios sociales a menudo quieren que las empresas compren espacio publicitario, ya que así es como ganan dinero. Facebook proporciona un tremendo servicio gratuito al mundo, pero generan ingresos principalmente mediante la venta de espacios publicitarios a los anunciantes. Esto significa que no quieren que las empresas utilicen sus servicios de forma gratuita.

Los algoritmos están diseñados para evitar que las empresas permitan que las publicaciones no pagadas lleguen a una amplia audiencia. Entonces, si bien crear un flujo constante de contenido es útil para la conversión pasiva, la verdad es que, sin publicidad paga y dirigida, realmente no tendrá un impacto tan fuerte en las redes sociales. La buena noticia es que la publicidad en redes sociales es bastante barata y solo paga cuando los espectadores hacen clic en el anuncio, algo conocido como pago por clic o PPC.

La publicidad dirigida es la mejor manera de monetizar activamente a su audiencia. Al poner anuncios directos frente a ellos con fuertes llamados a la acción, implorándoles que miren sus productos y realicen compras, podrá comenzar a convertir a sus seguidores. La mejor parte de la publicidad dirigida es que desbloquea los análisis, lo que le permitirá ver cómo funciona cada anuncio, incluso hasta la edad y el sexo de las personas que hicieron clic en sus anuncios. Cubriremos cómo ejecutar anuncios de Facebook en el sexto capítulo.

Ganar Confianza

La conciencia es una parte de la ecuación cuando se trata de monetización. La segunda parte es la confianza. Para que pueda vender productos o servicios en línea, también debe poder ganarse la confianza del usuario. En general, la confianza proviene de una marca establecida, un buen historial y políticas destinadas a ayudar a calmar el nerviosismo de un nuevo comprador.

El hecho es que comprar cosas de una nueva tienda en línea es un riesgo. Un cliente no sabe realmente si lo que está ordenando realmente aparecerá, qué sucederá con su información personal, etc. Todos hemos escuchado historias de horror de transacciones en línea que han salido mal de una forma u otra. Como propietario de un negocio, uno de sus mayores objetivos debe ser ganar la confianza de los clientes potenciales.

Esto se puede hacer de varias maneras. La forma más fácil de ganar confianza son las reseñas de los clientes que son fácilmente accesibles para quienes realizan investigaciones. Un grupo de calificaciones de cinco estrellas en un sitio web, una cita de un sitio web de revisión confiable o incluso una revisión de video de un influyente popular puede ser muy útil. Esté atento a las formas de incorporar revisiones positivas de su producto en su comercialización, como una forma de tranquilizar a su cliente.

Otra forma de ganar confianza es tener una garantía simple de devolución de dinero. La mayoría de los productos o servicios los ofrecen como una forma de atraer a un cliente para que realice la compra, pero también como una forma de demostrar que la satisfacción del cliente es de suma importancia. Claro, algunos clientes pueden ser lo suficientemente quisquillosos como para hacer una compra y luego exigir que se les devuelva su dinero, pero en su mayor parte, está destinado a ayudar a los consumidores a encontrarlo como un negocio en el que puedan confiar. Esa confianza vale unos pocos retornos al mes.

Crear una Lista de Correo Electrónico

Uno de los aspectos más importantes no solo del marketing en redes sociales, sino en todos los tipos de marketing es lo que se conoce como Lead Generation (Generación de Oportunidades en español). Cuando desee vender su producto, necesitará tener una ventaja, algo que lo dirija hacia el cliente adecuado para vender. Hay muchas maneras diferentes de generar clientes potenciales, principalmente mediante el uso de publicidad paga para encontrar el grupo demográfico adecuado que estaría interesado en sus productos. Pero, ¿cómo retiene clientes potenciales? A través de una lista de correo electrónico.

La lista de correo electrónico es una de las partes más básicas y vitales para monetizar una audiencia. Si bien su audiencia crecerá a través del trabajo que hace, creando y compartiendo contenido, querrá encontrar una manera de contactarlos directamente, con el propósito de publicitar productos. La forma más rápida y directa de contactar a cualquier persona en línea es a través de su correo electrónico.

Sin embargo, el correo electrónico también es algo que la mayoría de los usuarios mantienen de cerca. A menos que se registre para un servicio, las personas generalmente no comparten sus direcciones de correo electrónico con los anunciantes. Esto es lógico, porque como todos saben, recibir spam puede ser irritante. Si se suscribe al servicio incorrecto, puede verse afectado por una avalancha de ofertas especiales que desordenan su bandeja de entrada y dificultan la búsqueda de las cosas que realmente importan.

Entonces, ¿cómo logran exactamente los anunciantes obtener los correos electrónicos de su audiencia? Bueno, pueden hacerlo de varias maneras. El primero es adquirir el correo electrónico como parte de un paso de conversión. Por ejemplo, si el cliente ha decidido comprar uno de sus productos, puede darle la opción de suscribirse a su boletín informativo, que luego le otorga permiso para usar su correo electrónico con fines de marketing.

Otro método para obtener correos electrónicos es ofrecer algún tipo de trato a cambio de una suscripción al boletín. El método más común es crear un producto gratuito que se les envíe después de que se registren. Dichos productos pueden ser físicos o digitales. La mayoría de las empresas descubren que ofrecer un libro electrónico gratuito generalmente genera clientes potenciales interesados en registrarse.

Una vez que tiene un correo electrónico, ahora tiene permiso para enviarles ofertas especiales, actualizaciones y noticias sobre su empresa y sus productos. En otras palabras, se le ha dado un nuevo método de comercialización. Lo mejor de todo, dado que la persona es claramente parte de su grupo demográfico objetivo, no tiene que preocuparse de que su correo electrónico caiga en oídos sordos.

Una colección de correos electrónicos que ha reunido se conoce como una lista de correo electrónico. La expansión de su lista de correo electrónico debe ser una de sus principales prioridades al crear su motor de marketing, solo superada por obtener conversiones directas. Crear una lista de correo electrónico tampoco es difícil, a continuación se detallan los pasos necesarios para crear una.

Paso 1: encuentre un servicio de lista de correo electrónico

La tarea de recopilar, rastrear y enviar correos electrónicos puede ser una tarea engorrosa si se hace solo, pero afortunadamente, existen servicios profesionales que permiten crear listas de correo electrónico. Estos servicios son generalmente gratuitos, hasta que llegue a una cierta cantidad de correos electrónicos, después de lo cual se le pedirá que actualice.

Estos servicios permiten formas de almacenar correos electrónicos recopilados, así como ejecutar campañas, rastreando no solo la cantidad de correos electrónicos que envía, sino cuántas personas hacen clic en ellos, a qué hora, quién hace clic en los enlaces dentro de los correos electrónicos, etc. muchos servicios para elegir, pero como recién está comenzando, le recomendamos usar MailChimp, ya que funcionan bien para principiantes.

Paso 2: Crea una Lista

Dentro de su servicio de lista de correo electrónico, podrá crear una lista específica. Aquí será donde irán todos los correos electrónicos registrados. Deberá asegurarse de dividir todas sus listas por categoría, especialmente si está operando múltiples esfuerzos comerciales. Nombre la lista después de la marca que representará con sus correos electrónicos.

Paso 3: Crea un Incentivo

La gente no regalará sus correos electrónicos por nada. Casi todos saben que cuando envían un correo electrónico, estarán en el lado receptor de los correos electrónicos de marketing. Sin embargo, la buena noticia es que si están interesados en lo que su empresa tiene para ofrecer, podrían estar dispuestos a aceptar esos correos electrónicos e incluso leerlos. Deberá crear un incentivo que sea lo suficientemente atractivo para su grupo demográfico objetivo como para darle su correo electrónico.

Esto a menudo implica la creación de algo especial, ya sea un libro electrónico, un código de descuento especial o algún otro incentivo que recibirán a cambio de registrarse en su lista de correo electrónico. Este incentivo no tiene que ser grande o llamativo, pero debería ser lo suficientemente atractivo para su grupo demográfico objetivo como para motivarlos a realizar el intercambio. Luego, tendrá su correo electrónico para agregar a su lista y recibirán un buen regalo de su parte.

Tenga cuidado cuando se trata de desarrollar un incentivo. Algunos especialistas en marketing se vuelven demasiado ambiciosos cuando se preparan y pueden terminar creando un incentivo que es simplemente demasiado atractivo o demasiado general. Esto puede generar clientes potenciales de baja calidad, personas que se inscribirán por el mero hecho de recibir el regalo y luego cancelar la suscripción de inmediato. También debe evitar crear un incentivo que atraiga a personas fuera de su grupo demográfico objetivo. Recuerde, el propósito de crear una lista de correo electrónico es para fines de marketing. Si tiene un montón de correos electrónicos que están fuera de su grupo demográfico objetivo, lo más probable es que no vea ninguna conversión de ellos.

Paso 4: Crea una Página de Destino

La página de destino es donde ofrecerá el incentivo a cambio del correo electrónico. Por lo general, la página de destino es solo un formulario de registro simple que ensalza la virtud del producto gratuito y luego tiene un llamado a la acción, instando al lector a registrarse ahora.

Las páginas de destino se pueden crear utilizando empresas de alojamiento de páginas de destino o simplemente creando las suyas propias a través de su sitio web. Elijas lo que elijas realmente depende de ti, pero deberás asegurarte de haber conectado tu servicio de lista de correo electrónico al formulario de registro, para que cualquier correo electrónico capturado se coloque directamente en tu lista de correo electrónico.

El diseño de la página de destino debe ser simple y específicamente diseñado para obtener la dirección de correo electrónico. No intentes hacer nada más con la página. De hecho, la mayoría de las páginas de destino ni siquiera tienen un encabezado o una barra de navegación que lo aleje del sitio web. En cambio, simplemente se enfocan en mostrar una buena exhibición del producto gratuito, dan las razones por las cuales una persona lo querría y luego les indica que se registren. Menos es más con una página de destino, cuantos más detalles hay, más distraído podría estar un lector. En cambio, manténgalo simple, corto y al grano.

Paso 5: *Cree una Suscripción Efectiva en su Sitio Principal*

Una vez que haya realizado la página de destino, que tiene el único fin de dirigir el tráfico, también deberá crear la capacidad de optar por su lista de correo en el sitio principal. Esto puede ser tan simple como colocar un pequeño formulario de registro en la parte inferior de su página de inicio, ofreciendo el producto a cambio de un correo electrónico o incluso puede ser un banner emergente.

Por muy molestos que puedan ser, los anuncios emergentes tienen cierta efectividad, siempre que no sean agresivos, difíciles de cerrar o de colores ofensivos. Existen servicios gratuitos que ayudan a crear anuncios emergentes para su lista de correo, como Sumo. Esto ayuda a crear ventanas emergentes efectivas y realizar un seguimiento de las métricas, para que pueda saber si las personas están haciendo clic en un registro.

A pesar de toda la sabiduría convencional sobre el asunto, la verdad es que las buenas ventanas emergentes funcionan. Siempre que los anuncios que diseñe no sean irritantes, tiene una buena posibilidad de obtener un porcentaje de clics de alrededor del 2% de las personas que visitan su página, lo cual es bastante bueno para algo que es totalmente gratuito.

Paso 6: Dirija a la audiencia a la página de destino

Una vez que haya creado el incentivo y la página de destino, todo lo que queda es trabajar en la captura de correos electrónicos. Es posible que desee compartir su oferta especial con su audiencia actual publicando el enlace en sus redes sociales. Con suerte, esto generará tráfico hacia su página y le permitirá registrarse. Pero una vez que haya informado a su audiencia central sobre esta nueva oferta especial, querrá continuar expandiendo esa preciosa lista de correo electrónico.

La mejor manera de aumentar el tamaño de su lista de correo electrónico es a través de publicidad dirigida, utilizando uno de los sistemas de publicidad en redes sociales, como Facebook. Esta es una publicidad pagada, pero hará maravillas en la generación de clientes potenciales que luego puede comercializar directamente, ¡gratis!

Una vez que haya hecho su lista de correo electrónico y se haya poblado con suficientes personas para comenzar a comercializar, es posible que tenga la tentación de comenzar a enviar correos electrónicos, pero hay algunas cosas que se deben y no se deben hacer para el marketing directo por correo electrónico.

HACER: Enviar Ofertas Especiales

Las personas necesitan recibir algún tipo de valor de su boletín informativo, o de lo contrario se darán de baja rápidamente. Enviar valiosas ofertas especiales solo por correo electrónico es una excelente manera de no solo aumentar las ventas, sino que también ayuda a sus clientes a ver que su correo electrónico es valioso. Esto ayudará a alentarlos a permanecer suscritos y reducirá la cantidad de personas que se dan de baja después de enviar un correo electrónico.

NO HACER: Spam hacia Ellos

Una vez que tenga la dirección de correo electrónico de un cliente, debe tratarla como un regalo precioso y frágil. Si lo trata con demasiada brusquedad, se romperá y se perderá la confianza del cliente en usted. Enviar correos electrónicos constantes, tres o cuatro veces al día, no promocionará su negocio, solo los molestará. Incluso si estos correos electrónicos contienen ofertas especiales, ninguna persona querrá recibir tanto correo electrónico al día. En cambio, trate de tratar al cliente con respeto y mantenga la cantidad de correos electrónicos que envíe al mínimo.

HACER: Comparta Noticias sobre su Empresa

Los correos electrónicos no siempre tienen que ser para vender. Algunas personas se registran porque están genuinamente interesadas en el crecimiento de la empresa, su visión o pasión. Es útil para fines de marca compartir buenas e interesantes noticias de su empresa con los clientes, para que vean qué cosas positivas está haciendo.

NO HACER: Comprar Correos Electrónicos de Otras Compañías

El marketing por correo electrónico está orientado a los permisos, pero es posible que algunas empresas estén dispuestas a venderle listas de correo electrónico. Esta práctica sombría puede ser problemática por muchas razones, pero la más importante es que la invasión de la privacidad rápidamente causará preocupación entre quienes reciben sus correos electrónicos sin consentimiento. Se darán de baja rápidamente y lo más probable es que sientan agitación hacia su marca. Y además, los clientes potenciales proporcionados por estas personas que ofrecen vender ciertas listas de correo electrónico tienden a ser de muy baja calidad.

HACER: Usar Análisis para Rastrear el Rendimiento del Correo Electrónico

Cuando envía correos electrónicos, debe poder ver cuántas personas los abren, cuántos enlaces hacen clic y cuántas personas. Estos números le permiten rastrear el rendimiento de los correos electrónicos y hacer ajustes a los correos electrónicos que está realizando. A veces, el mal diseño del correo electrónico, los enlaces no válidos o las ofertas poco interesantes pueden sabotear sus esfuerzos para obtener conversiones. Al realizar un seguimiento, podrá vigilar de cerca qué correos electrónicos tienen el mejor rendimiento y cuáles tienen el peor rendimiento.

NO HACER: Retener correos electrónicos para siempre

Idealmente, desea tener una mayor tasa de participación de los usuarios que se han suscrito a su lista de correo electrónico. Con el paso de los años, a medida que envía campañas y correos electrónicos, puede terminar dándose cuenta de que hay un grupo inferior de usuarios que simplemente no participan. No abren correos electrónicos, no hacen clic en enlaces, sin embargo, no se han dado de baja por alguna razón. Debería eliminar a estos suscriptores de su lista de vez en cuando, solo para asegurarse de que sus análisis no terminen sesgados por una gran base que probablemente ya ni siquiera revise su correo electrónico.

Capítulo 5: Utilizando Facebook para Marketing

De todas las diferentes plataformas de redes sociales, Facebook es el más grande, el más utilizado y el más fuerte cuando se trata de publicidad dirigida. Es posible que prefiera utilizar otros tipos de plataformas, como Twitter o Pinterest, lo cual está bien, pero al menos debería tener una página de Facebook desarrollada para su negocio.

Facebook tiene más de 2 mil millones de usuarios que utilizan activamente la plataforma al mes. Además, la mayoría de esos usuarios utilizan principalmente Facebook a través de aplicaciones móviles, como teléfonos o tabletas. Con una comunidad en línea tan fuerte, sería una mala idea simplemente ignorar Facebook.

Crear una página de Facebook

Hacer una página de Facebook es diferente a crear un perfil de usuario. La página será el perfil de su negocio. Las personas a las que les gusta una página de Facebook se convierten en seguidores, lo que significa que cuando publique, su publicación aparecerá en su muro. Aunque, como se discutió anteriormente, los algoritmos evitan que su publicación llegue a todos los que le han gustado su página, especialmente si intenta publicar varias veces en un día.

La página de Facebook es necesaria si desea ejecutar anuncios de Facebook, ya que estará vinculada a su cuenta de anunciante. La página también le permite hacer una serie de cosas diferentes y útiles para ayudar a conectarse y relacionarse más con sus seguidores y clientes.

Crear una página es simple, todo lo que necesita hacer es seleccionar el menú desplegable de Facebook y seleccionar crear una página. A partir de ahí, se le darán todas las instrucciones necesarias para crear una página para su negocio. Después de completar toda la información, configurar su perfil y poner los enlaces adecuados, puede pasar a la siguiente parte importante de su página: obtener Me gusta.

Obtener más Me Gusta en Facebook

Cuando se trata de administrar un negocio, los me gusta de Facebook son bastante importantes. Una página hace varias cosas para su negocio, como:

- Comparte la actividad del individuo en su muro, posiblemente compartiendo tu página con otras personas.

63

- Le permite orientarlos directamente con publicaciones promocionadas y anuncios de Facebook.
- Ayuda a crear un público similar para un alcance más amplio con la publicidad de Facebook.

Entonces, si los Me gusta pueden ser valiosos, ¿cuál es la mejor manera de obtenerlos? El primer paso sería simplemente informar a los clientes actuales, amigos y aquellos que estarían interesados en su nueva página. Puede invitar a personas a que le guste su página específicamente, lo que puede ayudar a aumentar sus números generales al principio. Sin embargo, debes tener cuidado con esto. Puede ser fácil ir por la borda y conseguir que a un gran número de amigos les guste tu página, pero primero pregúntate, ¿realmente se convertirá esta persona? ¿Estarán dispuestos a comprar mis productos? Desea que la mayoría de sus Me gusta provengan de seguidores de calidad, es decir, personas que responderán e interactuarán con usted.

Esto significa que es posible que no desee invitar a todos sus amigos de Facebook a hacer Me gusta en su página. Obtener unos cientos solo para comenzar no es una mala idea, pero no lo lleve más lejos. Después de su primer impulso inicial, solo concéntrese en invitar a personas relevantes a que les guste su página.

Otra excelente manera de obtener Me gusta es poner constantemente contenido que otros compartirán. Esto puede ser tu propio contenido o memes creados por otros y están en circulación. Cuando comparta contenido, tenga cuidado de no reclamar ninguno de los contenidos como propio, pero siéntase libre de contribuir en la circulación de bromas, memes y otras imágenes entretenidas.

Es importante mantenerse constante en su publicación, pero no se exceda. En general, querrás publicar solo 1 publicación al día. Crear múltiples publicaciones en el mismo no ayudará a aumentar la exposición, gracias a los algoritmos de Facebook. En cambio, trate de hacer una publicación de calidad al día, cinco o seis días a la semana. Esto asegurará el mayor nivel de alcance que puede generar nuevos Me gusta.

Y no olvide, el objetivo de Facebook no es simplemente generar me gusta. Muchos especialistas en marketing a veces se obsesionan demasiado con la idea de que deberían concentrar su energía y tiempo en obtener la mayor cantidad de Me gusta posible. Si bien los me gusta tienen su uso, no son el paso final. El paso final es conseguir una venta. Un me gusta no es más que una herramienta para conseguir esa venta. Deben llegar con el tiempo, de manera orgánica y a través de simples promociones de su parte. No cedas en el bombo enfocándote en obtener tantos me gusta como sea posible. Llegarán con el tiempo a medida que su producto crezca tanto en tamaño como en popularidad.

Crear un Grupo de Facebook

Un grupo de Facebook es similar a una página de negocios, con la excepción de que funciona más como un tablero de chat. Todos los miembros del grupo son libres de publicar contenido, preguntas o ideas. Además, los grupos se pueden configurar como privados, públicos o incluso secretos, lo que significa que las personas ni siquiera saben de su existencia hasta que se les invita. Esto puede permitirle, como propietario de un negocio, brindar a sus clientes una línea directa para discutir su producto no solo con usted, sino también con otros usuarios del producto. Los grupos son una excelente manera de obtener el compromiso de aquellos que están interesados o apasionados por sus productos.

Configurar un grupo de Facebook es más fácil que crear una página para su negocio. Simplemente haga clic en el menú desplegable y seleccione Crear un grupo. Desde allí, tendrá la opción de nombrar al grupo, invitar a personas y establecer la configuración de privacidad. Luego, puede ir a la configuración de Editar grupo para completar los detalles importantes, como la descripción del grupo, el tipo, etc.

Un grupo de Facebook es bueno para responder preguntas e inquietudes de los clientes. Pero no debe tratarse como una forma de comercializar a las personas directamente. La mayoría de las personas no tienen interés en ser comercializadas directamente, especialmente si se unen a un grupo para discutir ideas y conversar con personas de ideas afines. En cambio, mire a un grupo de Facebook como una oportunidad para fomentar el diálogo, tener buenas conversaciones y preocuparse por las necesidades de los demás. Ayudará a construir una comunidad alrededor de su producto y le mostrará a las personas que los ve como algo más que bolsas de dinero.

Messenger

Facebook Messenger es el servicio de mensajería instantánea que permite a las personas contactarlo directamente. Esta función de chat en vivo puede ser excelente para responder preguntas rápidamente o abordar inquietudes sobre las características de un producto. Facebook requiere que Messenger esté instalado como una aplicación separada en su teléfono, si desea poder chatear en su teléfono móvil, por lo que se recomienda que descargue la aplicación si desea poder responder preguntas rápidamente.

Sin embargo, algunas preguntas pueden responderse automáticamente. Es posible que no tenga tiempo para responder las preguntas de cada persona, especialmente si la información está disponible para que la consuman. Si ese es el caso, entonces puede considerar usar un Chatbot.

Un Chatbot es un sistema de inteligencia artificial especialmente desarrollado que se puede instalar en la aplicación de mensajería de su página comercial. Luego, después de hacer preguntas específicas o si se deben hacer pedidos, el chatbot podrá responder de manera efectiva, ahorrándole tiempo y aumentando el tiempo que su negocio está disponible para conversar con los clientes. Podría estar profundamente dormido a las 3 de la mañana, pero un ave nocturna envía un mensaje preguntándose si realiza envíos internacionales. El Chatbot, si tiene los parámetros correctos, puede responder rápidamente con la respuesta correcta. El cliente está satisfecho porque recibió una respuesta rápida y usted está satisfecho porque puede seguir durmiendo toda la noche.

Hacer un chatbot no es difícil, pero requiere un compromiso de tiempo. Deberá encontrar un sistema de chatbot establecido para usar, a menos que tenga un don para programar por su cuenta.

Se encuentran disponibles servicios como Chatfuel, ManyChat o Flow XO, que generalmente ofrecen servicios gratuitos para principiantes. Si encuentra que desea que un chatbot aumente el tiempo de respuesta, estos servicios ayudarán y, a menudo, requieren habilidades de programación absolutamente nulas para integrarse en su messenger.

Capítulo 6: Uso de Anuncios de Facebook

Los anuncios de Facebook pueden ser excepcionalmente potentes cuando se usan correctamente. Gracias a la capacidad de recopilación de datos de Facebook, puede dirigirse a personas que estarían interesadas en su producto y, como resultado, aumentar sus posibilidades de obtener una venta que a través de cualquier otro medio de publicidad. Pero esto no significa que solo pueda incluir algunos parámetros en un anuncio de Facebook y ejecutarlo para hacer una fortuna. El uso adecuado de los anuncios de Facebook requiere previsión, planificación y, sobre todo, la capacidad de estudiar análisis y ajustar adecuadamente.

Preparándose

Configurar anuncios de Facebook requiere que cree una cuenta de administrador de negocios. El Business Manager será la página de inicio donde podrá conectar anuncios a sus páginas de Facebook, publicar anuncios y, lo más importante, revisar los análisis que se proporcionan después de una publicación de anuncios exitosa. Para configurar esto, solo necesita visitar business.facebook.com y crear la cuenta de Manager. Una vez que se haya creado la cuenta y haya vinculado su cuenta a la página de su tienda, estará listo para comenzar a crear su primer anuncio.

Crear un Objetivo de Campaña

Al seleccionar la opción Crear nueva campaña, se le presentará una serie de objetivos diferentes. Estos objetivos son el objetivo final de su campaña publicitaria. Facebook realizará un seguimiento y funcionará de manera diferente según el objetivo que seleccione. Los objetivos se dividen en tres categorías: conciencia, consideración y conversión.

Objetivos de Conciencia

La conciencia tiene dos opciones, el conocimiento de la marca y el alcance. El reconocimiento de marca se centra en encontrar personas que tengan la mayor posibilidad de estar interesados en su anuncio. Esto significa que mostraría el anuncio frente a personas que no solo están interesadas en la marca, sino que también tienen la mayor posibilidad de recordar sus otros anuncios. Luego, Facebook buscaría mostrar su anuncio frente a las personas que tienen la mayor posibilidad de recordar su anuncio dentro de dos días. Aquellos que tienen la mayor posibilidad de recordar su anuncio tendrán una mejor oportunidad de conversión más adelante.

En otras palabras, las campañas de reconocimiento de marca ayudan a que su producto y marca lleguen a la mente de una persona. Más adelante, cuando aparezca una publicidad dirigida y seria con un llamado a la acción frente a ellos, gracias a las bases establecidas por su campaña de concientización, será más fácil convertirlos.

La otra opción es solo llegar. El alcance es una simple cuestión de mostrar su anuncio al mayor número de personas. Esto puede ser excelente si solo desea que se muestre su marca a tantas personas como personas al mismo tiempo. Al igual que el conocimiento de la marca, querrá usar el alcance si solo quiere que las personas simplemente se den cuenta de que su marca existe.

Objetivos de Consideración

Las categorías de consideración son objetivos que requieren algún tipo de acción por parte de un cliente, sin embargo, la acción no termina en una conversión. En cambio, estas consideraciones están destinadas a educar o establecer una relación con un cliente, acercándolos a la decisión de comprar. Las consideraciones disponibles son:

Tráfico

El objetivo del tráfico es qué seleccionar cuando simplemente desea dirigir a las personas a una página específica, probablemente su sitio web. Si desea aumentar los visitantes de su blog o sitio web, sin requerir tipos específicos de acciones de conversión, el tráfico es la selección correcta.

Compromiso

En términos de Facebook, el compromiso significa adquirir Me gusta, hacer que las personas compartan tus publicaciones o incluso hacer que reclamen una oferta especial. Si desea obtener más comentarios y compartir una publicación específica de Facebook, debe usar la opción Boost Post. Se mostrará una publicación mejorada en todos los muros de sus seguidores de página, lo que naturalmente aumenta el número de personas que comparten publicaciones o comentan sobre ellas.

Instalaciones de Aplicaciones

Esta es una opción sencilla, al hacer clic en el anuncio llevará al espectador directamente a la tienda de aplicaciones en su teléfono móvil. Esta es solo una manera simple y fácil de promocionar una aplicación si está vendiendo o regalando una.

Vistas de Video

Las vistas de video funcionan de manera similar al compromiso, con la excepción de que el punto es lograr que las personas vean el contenido de su video.

Generación de Leads (Generación de oportunidades)

La generación de leads es una parte necesaria de cualquier tipo de estrategia de marketing. A veces tendrá personas que se convertirán de inmediato, lo cual es excelente, pero otras veces, puede tener personas que expresen interés, pero por alguna razón no apriete el gatillo de la venta allí mismo. La generación de leads le permite obtener la información personal de un posible comprador, para que pueda enviarles un correo electrónico más adelante. Este objetivo le permite crear un formulario de contacto para que los posibles clientes potenciales puedan completarlo. Normalmente, ofrecería algún tipo de trato a cambio de este tipo de información, como un libro electrónico gratuito o tal vez un descuento. Todo lo que una persona necesitaría hacer sería hacer clic en el botón "registrarse" provisto por el anuncio de Facebook para obtener el beneficio. Esto generará oportunidades de venta que puede seguir más adelante, promocionándolas directamente o incluso redirigiéndolas con más anuncios más adelante.

Mensajes

El objetivo de los mensajes alienta a los usuarios a conectarse con su empresa a través de la aplicación Messenger y hacer preguntas directamente. Esto puede ser útil si tiene un producto que puede provocar algunas preguntas inmediatas, o si está ejecutando un evento y quiere que las personas sepan que pueden contactarlo para cualquier inquietud o consulta.

Objetivos de Conversión

Los objetivos de conversión son esencialmente el objetivo final de cualquier plan de marketing, hacer que el cliente potencial se convierta en un cliente mediante la compra del servicio o producto. Hay tres objetivos de conversión diferentes disponibles para usar en toda su campaña publicitaria.

Conversión

La conversión directa se rastrea a través de algo conocido como Facebook Pixel. Si desea tener un anuncio que lleve a un cliente a su tienda en línea, donde luego realiza una compra, deberá instalar el píxel en su sitio web para poder rastrear este comportamiento. Un Pixel es esencialmente un rastreador, una cookie en línea que sigue al cliente a medida que se mueve del anuncio al sitio web. Este píxel puede rastrear sus acciones, que luego informan a Facebook y forman una página de análisis, para que pueda ver cuántas personas compraron específicamente artículos después de hacer clic en el anuncio.

Crear un píxel es fácil, solo tiene que ir a la sección Administrador de eventos de la página de inicio de su Administrador comercial de Facebook y seleccionar la opción Crear un píxel. Una vez que se ha creado el píxel, deberá inyectarlo en su sitio web, lo cual es un poco más complicado, dependiendo del sitio de alojamiento web que esté utilizando. Si está utilizando Wordpress, Shopify u otros creadores de sitios como Squarespace, habrá diferentes métodos para colocar el código en el sitio web. Consulte con el administrador de su sitio o investigue un poco para averiguar cómo colocar el código en su propio sitio web.

Una vez que el píxel esté en su lugar, tendrá la opción de rastrear eventos específicos, como los clics en la página o cuando se realiza una compra. Así es como los anuncios de conversión de Facebook medirán la efectividad. Sin el píxel, no podrá correlacionar directamente los clics en su anuncio con las ventas realizadas. Por ejemplo, si tuviera 100 personas haciendo clic en sus anuncios y 10 personas compraran algo, la tasa de conversión sería del 10%. Sin embargo, sin la capacidad de rastrear las acciones de sus clientes, no tendría forma de saber si esas ventas realmente provienen de su anuncio. Podría haber sido simplemente una coincidencia. Es por eso que los píxeles de Facebook son necesarios si desea publicar anuncios que dirijan a las personas a realizar compras en su sitio web.

Ventas por Catálogo

También puede vender sus productos directamente a través de Facebook, creando un catálogo. Allí, podrá exhibir y comercializar directamente sus productos sin tener que dirigir a los clientes a su sitio web primero. Si tiene un sitio web de escaparate, como Shopify, incluso puede conectarlo al catálogo, lo que facilita la transición de Facebook a la caja. Este objetivo simplemente pone el catálogo justo en frente de la audiencia para que puedan ver las mercancías que tiene que vender e incluso navegar para ver si hay algo que les interese.

Como puede ver, hay bastantes opciones cuando se trata de seleccionar un objetivo de Facebook. ¡No se sienta abrumado! Aprender a navegar por los anuncios de Facebook es más una habilidad que cualquier otra cosa y cada habilidad lleva tiempo antes de que puedas dominarla. Comience lentamente, dé un paso a la vez hasta que pueda ejecutar anuncios básicos sin problemas. Después de eso, puede comenzar a experimentar y ver las opciones más avanzadas que están disponibles con los anuncios de Facebook.

¿Qué hace un gran anuncio?

Crear un gran anuncio de Facebook no es difícil de hacer. Para empezar, necesitará un elemento visual que sea llamativo, interesante y que muestre claramente lo que está anunciando. Si no eres diseñador gráfico, no te preocupes, tienes muchas opciones. Si usted es una persona de bricolaje, intente usar Canva, un sitio web que ayuda a crear anuncios atractivos sin la necesidad de un título en diseño gráfico. De lo contrario, siempre puede contratar a un profesional independiente en un sitio web como Fiverr, que podrá armar rápidamente un anuncio atractivo para usted, utilizando las especificaciones que les proporcione. Sería bueno tener al menos tres o cuatro tipos diferentes de anuncios realizados, para que pueda probarlos más tarde.

Un buen diseño visual es clave, pero eso no es lo único que hace que un buen anuncio sea. También necesitará un texto claro y conciso que captará la atención del lector. Solo tiene unos segundos antes de que una persona pierda interés, especialmente cuando se está desplazando, así que asegúrese de que lo que escribe sea un llamado de atención. Un eslogan inteligente, una pregunta curiosa o simplemente una combinación de palabras que atraiga a su grupo demográfico objetivo puede ser muy útil. Con descripciones de producto aburridas y aburridas o algo peor, algún tipo de jerga corporativa que significa que nada asegurará rápidamente que el lector siga avanzando. Un buen diseño visual hace que vean su anuncio, pero una presentación rápida y efectiva los ayudará a hacer clic en el anuncio real.

Una vez que tenga un buen diseño visual y una buena copia, todo lo que queda es un claro llamado a la acción. El anuncio debe, de alguna manera, llamar al lector a hacer algo. Ya sea para registrarse, visitar el sitio web, comprar ahora o leer esto, debe tener un claro llamado a la acción que motive al lector a hacer clic. Piense en una forma rápida y contundente de llamarlos a la acción. Por ejemplo, si está vendiendo zapatos ortopédicos para correr, puede hacer su llamado a la acción escrito como "¡Comience a correr sin dolor hoy!" O "¡Libere sus pies ahora!" Estos son cortos y efectivos porque transmiten el núcleo de su mensaje e instan ellos a tomar medidas.

Estos tres elementos combinados le permitirán crear una buena serie de anuncios para que los publique. Sin embargo, no sabrá qué tan efectivo es cada anuncio hasta que comience a experimentar para liberarlos y ver cómo funcionan. Al final del día, no importa cuán bien diseñado esté su anuncio, si no funciona bien cuando se ejecuta, no es un buen anuncio. Es por eso que debe intentar utilizar las pruebas A / B tanto como sea posible cuando comience.

Prueba A / B, es una opción proporcionada por Facebook Ads donde ejecuta dos anuncios diferentes al mismo tiempo y luego los compara después de que finalizan su ejecución, para determinar cuál funciona mejor. Las pruebas A / B, también conocidas como pruebas divididas, son vitales si desea tener los mejores anuncios posibles. Al comenzar, debe estar dispuesto a utilizar la opción A / B, ejecutando el anuncio A y el anuncio B simultáneamente, para ver qué diseño funciona mejor. Esto le brinda flexibilidad y, lo que es más importante, comentarios en tiempo real de los miembros relevantes de la audiencia que ni siquiera se dan cuenta de que están participando en una especie de encuesta. El anuncio que tenga mejor rendimiento debería ser su anuncio principal por el momento.

Ejecución de Anuncios en Varias Plataformas

El sistema de anuncios de Facebook le permite orientar múltiples plataformas. En general, siempre querrá que se publiquen anuncios en computadoras de escritorio y dispositivos móviles. También tendrá la opción de seleccionar ejecutar un anuncio en Instagram, ya que Facebook también posee ese sitio web de redes sociales. Pero la pregunta es, ¿deberías? No hay una respuesta difícil y rápida a esta pregunta. En general, los usuarios de Instagram tienden a ser más jóvenes, por lo que si su producto no se dirige a un grupo demográfico más joven, podría ser una pérdida de tiempo. Sin embargo, simplemente no hay forma de conocer la efectividad de su campaña publicitaria sin probarla primero, por lo que es posible que solo desee hacer una prueba para ver cómo funcionan los anuncios de Instagram en comparación con publicarlos solo en Facebook. El análisis podrá informarle cuál funcionó mejor y puede terminar sorprendido con lo que ve.

Creando una audiencia

Antes de poder publicar un anuncio de Facebook, necesitará tener una audiencia a la que orientarse. Una audiencia, en términos publicitarios de Facebook, es una colección de hechos, intereses y datos demográficos que conforman su cliente ideal. En otras palabras, tomará el avatar que ha creado y luego lo convertirá en un grupo específico de personas para orientar con anuncios de Facebook.

Hacer una audiencia es un proceso fácil, ya que su primera audiencia se creará a través del proceso de creación de anuncios. Al principio se le proporcionará una lista de detalles para incluir en la orientación, cosas básicas, como género, edad, ubicación, idioma y luego intereses específicos.

Al agregar intereses, trate de ser lo más específico posible. Cuanto más específico sea, mejor idea le dará a los algoritmos de Facebook de la persona ideal para poner el anuncio delante. Asegúrese de usar las palabras clave adecuadas que ha investigado.

Además de agregar intereses, también puede agregar tipos de conexión. Por ejemplo, si desea ejecutar una promoción que solo verán las personas a las que les haya gustado su página de Facebook, puede seleccionar ese perímetro. Esto, por supuesto, reducirá un poco el tamaño de su audiencia, y a veces si el tamaño de la audiencia es demasiado pequeño, Facebook no podrá publicar anuncios para usted.

Intenta equilibrar las cosas para que puedas tener una audiencia bien definida, una que no sea demasiado amplia o demasiado estrecha. Cuanto más cerca pueda obtener la pequeña aguja que mide el tamaño de la audiencia al verde, mejor.

Una vez que haya jugado con la creación de su primera audiencia, querrá asegurarse de guardar la audiencia, utilizando la sección Guardar esta audiencia. Esto acelerará el proceso de creación de anuncios en el futuro, permitiéndole ingresar rápidamente a su audiencia prefabricada desde el principio.

Sin embargo, hay muchas más opciones cuando se trata de crear una audiencia. Uno de los más importantes sería crear una audiencia similar. Una vez que haya publicado un anuncio exitoso que dirija a las personas a su sitio web, su píxel de Facebook podrá informar a Facebook de sus intereses, hábitos de visualización del sitio web y actividades del consumidor. Luego puede usar esta información para crear lo que se conoce como audiencia similar. Facebook sale y crea una base de datos de cuentas de Facebook que son similares a las personas que visitaron su sitio web, esencialmente creando un perfil de clientes completamente nuevos que estarían abiertos a su anuncio.

Las audiencias similares son muy poderosas cuando se usan junto con un píxel de Facebook. La capacidad de recopilar datos y luego replicarlos le da una ventaja importante cuando se trata de encontrar nuevos clientes para convertir. Cuando se combina con campañas simples destinadas a aumentar el tráfico a su sitio web, puede identificar potencialmente a más personas a las que apuntar en una fecha posterior.

Análisis de Facebook

La analítica es extremadamente importante cuando se trata de publicidad paga. La capacidad de ver quién interactúa con su contenido, quién hace clic y cuánto tiempo se quedaron lo ayudará a dar forma a sus futuras campañas y a expandirse a nuevos mercados. Lo que es más importante, le ayuda a refinar la orientación de su audiencia, lo que se traduce en más ventas. Lo último que desea es gente que no convierta los clics en sus anuncios, porque cada clic le cuesta dinero. Con el análisis, puede trabajar para mejorar sus números evaluando los datos proporcionados. Echemos un vistazo a lo que podemos descubrir cuando usamos análisis de Facebook.

Accediendo al Análisis

Para conocer el análisis de sus anuncios de Facebook, deberá ir a la sección Informes de anuncios de Facebook Business Manager. Esto lo llevará a las diversas campañas publicitarias que ha ejecutado y le informará sobre el rendimiento de la campaña. Verá varias estadísticas diferentes, que son el núcleo de la comprensión del rendimiento de su anuncio.

Resultados

Esta sección mostrará los resultados finales de su objetivo, si estaba intentando obtener algo como clics o descargas de enlaces. En última instancia, este es el número más importante, desea que sea lo más alto posible.

Alcance

El alcance se define como la cantidad de personas que vieron el anuncio al menos una vez.

Impresiones

Las impresiones son cuántas veces se mostró el anuncio en total. Las impresiones no son necesariamente únicas, podrían ejecutarse frente a la misma persona varias veces.

Costo por Resultado

Aquí es donde descubrirá lo que realmente ha pagado por clic o por impresión. Dado que Facebook utiliza un sistema de ofertas, para fijar el precio de sus anuncios, es posible que el costo de los clics varíe. Apuntar a un campo extremadamente competitivo puede generar clics más caros, mientras que apuntar a un campo más pequeño y menos saturado puede generar resultados más baratos. En general, este es un número que querrá mantener lo más bajo posible.

Estas son solo las secciones básicas de informes que ve cuando observa el rendimiento de los anuncios. Verá que todos los anuncios se publican en un período de tiempo específico enumerados de esta manera, juntos, para que pueda comparar y contrastar rápidamente, viendo cuáles funcionan mejor o eran más baratos. Sin embargo, gracias a los métodos extremadamente avanzados que usa Facebook, puede ver resultados demográficos más específicos para comprender exactamente qué tipo de persona se relaciona con su anuncio. Profundizando, podrá ver qué géneros hicieron más clic, a qué edad los datos demográficos interactuaron con su anuncio e incluso su ubicación.

Esto puede ayudarlo a desarrollar anuncios mejores y más enfocados. Es posible que los anuncios específicos sean más populares con ciertos grupos de edad o género que otros, lo que le permite dividir sus anuncios en dos, creando uno nuevo destinado únicamente a solucionar la brecha de género. O simplemente puede eliminar un género o edad de su soporte publicitario, sabiendo que no están tan interesados en su producto.

La analítica de Facebook es profunda y complicada. Sería bueno pasar tiempo revisando los datos, aprendiendo todo lo que pueda sobre exactamente lo que se graba y cómo puede usarlo para su propio beneficio cuando se trata de vender más anuncios de manera eficiente.

Reorientación

Una vez que haya terminado la ejecución de un anuncio, tendrá todos los datos que necesita para realizar una campaña de reorientación. Internet es un lugar muy ocupado y hay muchas distracciones disponibles en línea. Una persona podría hacer clic en su anuncio, echar un vistazo a su producto y decir "¡se ve muy bien!" Solo para recibir un mensaje de texto o correo electrónico, lo que hace que se olviden por completo de su producto. La reorientación le ayuda a atrapar a estos clientes que están cerca de convertir pero que por alguna razón u otra simplemente no lo hicieron.

Y hay muchas razones por las que un cliente dispuesto no se convertiría. La falta de fondos, las limitaciones de tiempo, el olvido o simplemente decir "Lo compraré más tarde" pueden impedirle no solo obtener una venta, sino también obtener un cliente fiel. Sin embargo, gracias a los píxeles de Facebook, puede ver la cantidad de personas que visitaron su sitio y no convirtieron. Esto le permite crear una audiencia personalizada, dirigida a las personas que visitaron el píxel pero que por alguna razón u otra se fueron sin comprar nada. La reorientación es útil para recordar a las personas que ya expresaron interés que su producto todavía existe.

Dado que la bomba ya ha sido cebada, se ha creado conciencia, la reorientación le otorga tasas de conversión más altas, siempre que los anuncios que esté ejecutando sean efectivos. Algunas compañías incluso hicieron ofertas especiales al reorientar a aquellos que hicieron clic, ofreciendo envío gratuito o un descuento a cambio de una venta. ¡Esos pequeños detalles pequeños a veces pueden ser lo suficientemente fuertes como para motivar a un cliente a que finalmente haga clic en el botón "comprar" y le ofrezca una venta!

Al final, los anuncios de Facebook son uno de los tipos más poderosos de herramientas de marketing que puedes usar en línea. El sistema es grande y puede ser un poco abrumador al principio, pero solo tómate tu tiempo. Ejecute algunos anuncios de práctica y no se preocupe demasiado por ver un retorno de inmediato. Cuanto mejor se convierta en usar el sistema, más resultados verá. Algunos propietarios de negocios se desaniman porque simplemente publicaron uno o dos anuncios, no vieron resultados y luego se preguntaron si valía la pena. Pero la publicidad se trata de refinamiento y prueba nuevamente. A veces no obtendrás buenos resultados, ¡pero está bien! Porque todavía estás recopilando datos en el proceso. Para obtener esas ventas, necesitará tener la mayor cantidad de datos posible, debe saber qué funciona y qué no. ¡Así que asegúrate de mantenerlo a largo plazo!

Capítulo 7: Utilizando Instagram para marketing

Mientras que otras plataformas de redes sociales se centran principalmente en una mezcla entre contenido visual y escrito, Instagram solo se enfoca en contenido visual. Desde imágenes hasta videos cortos, Instagram es el rey del contenido visual. Se publican 60 millones de fotos cada día en Instagram, y a los usuarios les encanta desplazarse hacia abajo sin parar, buscando fotos interesantes que les gusten y hagan comentarios.

Los influyentes también son los más frecuentes en Instagram. Si bien Facebook es más para la colección personal y Twitter es para crear un diálogo entre grupos de personas, Instagram está más enfocado en el creador de contenido. Muchas modelos de Instagram pasan sus días tomando fotos, viviendo vidas glamorosas y hablando con sus seguidores, creando una marca fuerte que les permite vivir de su trabajo.

Si se usa correctamente, Instagram puede tener un excelente efecto en su negocio. Compartir miradas internas, vistas previas de productos y demostraciones son formas increíblemente simples de promocionar su empresa. Sin embargo, para que estos sean efectivos, por supuesto, deberá comenzar a desarrollar un seguimiento. Aquí hay algunas formas de aumentar el número de seguidores en Instagram.

Crear un Perfil Comercial

Antes de hacer nada, deberá configurar su perfil actual para que sea un perfil comercial. Esto es simple de hacer, solo necesita crear un perfil regular, luego, en el área de configuración, busque el cambio a la opción de perfil comercial. Esto conectará su perfil de Instagram a su cuenta de Facebook y desde allí puede ejecutar anuncios y acceder a los datos de la cuenta.

Agrega el Enlace

Obtienes un enlace en Instagram, el que está presente en tu perfil. Ese enlace debe conducir a la parte más relevante de su negocio, como el sitio web de su tienda. Esto es crucial, porque cuando las personas lo sigan, tendrán la oportunidad de hacer clic en ese enlace de forma orgánica, lo que llevará a su sitio web. Así que elige el mejor enlace posible que puedas.

Usar Hashtags

Hashtags Los hashtags son excepcionalmente útiles para que las personas lleguen a tus publicaciones. No cometa el error de intentar crear nuevos hashtags, es un privilegio que tienen las personas con seguidores establecidos. En cambio, mire los hashtags populares que son tendencia y luego etiquete su contenido adecuadamente. Las personas a menudo buscan por hashtags y las publicaciones se clasifican por estas etiquetas. Trate de seguir las tendencias para atraer tráfico orgánico. Una vez que haya identificado lo que es tendencia, cree publicaciones que sigan después de esa tendencia y use los hashtags apropiados. Instagram Insights, una función de perfil de negocios, te ayudará a rastrear la efectividad de los hashtags que has estado ejecutando, mostrando cuánto tráfico está llegando a tu perfil basado solo en hashtags.

Sin embargo, asegúrese de estar completamente consciente de lo que significa un hashtag antes de intentar utilizarlo. Ha habido casos desafortunados de una compañía que intenta cooptar un hashtag sin darse cuenta de lo que significa, solo para que sea un desastre terrible. Uno de esos pasos en falso fue cuando DiGiorno, una compañía de pizzas congeladas, decidió usar #whyIstayed en Twitter y dio la razón por la que se quedaron. "Tenías pizza", escribieron, sin darse cuenta de que #whyIstayed era sobre violencia doméstica e involucraba a personas que compartían las razones por las que permanecían en relaciones peligrosas y abusivas. Esto fue criticado universalmente y la compañía de pizza se vio obligada a disculparse por su insensibilidad sobre el tema. Deja que eso sea una lección para ti, siempre asegúrate de entender el propósito detrás de un hashtag antes de usarlo. No solo mire los diez hashtags más populares, detállelos y luego póngalo en su publicación.

Crear Contenido

Volver a publicar o usar el contenido de otras personas, siempre y cuando se les atribuya, es una estrategia perfectamente normal en Instagram, pero esa no es una excelente manera de generar seguidores interesados. Crear contenido bueno y original destinado a ser compartido puede hacer maravillas para desarrollar un buen grupo de seguidores. El contenido no necesariamente tiene que estar relacionado directamente con su negocio tampoco. Puede ser motivador, hermoso, divertido o simplemente perspicaz.

También puede seguir las tendencias actuales, mirar hashtags y luego trabajar para crear contenido basado en esas etiquetas. También puede seguir las tendencias estacionales, cuando comienzan a aparecer las principales vacaciones. No hay nada de malo en seguir después de un movimiento popular, siempre que lo que esté creando sea útil, entretenido o educativo. Esto ayudará a generar seguidores de calidad.

Sigue a personas relevantes

En algunas plataformas de redes sociales, como Twitter e Instagram, seguir a alguien de regreso se considera una cortesía. Entonces, cuando recién comienzas, debes comenzar a encontrar personas que sean miembros de tu grupo demográfico objetivo y seguirlos. Con suerte, también deberían seguirte, lo que aumenta el tamaño de tu seguidor y te da la oportunidad de interactuar con ellos. Sin embargo, tenga cuidado de hacer esto demasiado, ya que hay un límite para cuántas personas puede seguir en un día determinado. Ese número es de alrededor de 100 a 200 por día, 20 por hora. Siga a unas pocas personas cada pocas horas, para que no se arriesgue a que su cuenta no pueda seguir a otras. Estas medidas se crearon como una forma de evitar que los spammers y las prácticas comerciales sospechosas generen masas de seguidores.

Otra cosa a tener en cuenta es que tampoco debe molestarse en seguir personas famosas o personas influyentes si espera que lo sigan. Estas personas tienden a tener un grupo significativamente más pequeño de personas a las que siguen. Esto no quiere decir que no debas seguirlos, si quieres observar qué contenido están lanzando y cómo operan, está bien. Pero la cortesía de seguimiento generalmente no ocurre cuando se apunta a los usuarios más populares.

Comenta y participa

Comentar y participar en conversaciones con otros usuarios es una excelente manera de crear visibilidad para su plataforma. Sus comentarios deben ser genuinos, positivos y amigables, para alentar un mayor diálogo con las personas. Intenta hacer tantos amigos como puedas comentando las publicaciones de otros y contribuyendo a una conversación. Esto puede aumentar las posibilidades de que las personas que lo siguen aprecian sus pensamientos y opiniones.

Compartir Detrás de Escena

Las historias de Instagram te permiten compartir lo que sucede detrás de escena de tu negocio. Mostrar su proceso creativo, los videos de los productos que se están diseñando o simplemente compartir bocetos conceptuales puede ser muy útil para involucrar a las personas que ya están interesadas en su producto. Las historias de Instagram son imágenes o videos que solo permanecen activos durante 24 horas antes de ser eliminados. Estas son excelentes maneras de conectarse con su base de fans actual, mostrándoles breves destellos en la vida de su empresa. Esto crea una mayor sensación de compromiso por parte del seguidor, porque lo que están viendo es exclusivo. Será alrededor de 24 horas y eso es todo. Esto puede ser algo muy especial, así que asegúrate de que a medida que crezcan tus seguidores, aproveches las Historias de Instagram para compartir lo que sucede detrás de escena.

Ejecutar Anuncios

Como Facebook posee Instagram, publicar anuncios en Instagram es muy fácil. Puede crear fácilmente anuncios para Instagram a través de Facebook y ejecutarlos exclusivamente en esa plataforma. Los principios para hacer un anuncio de Instagram son casi idénticos a los principios para hacer un anuncio de Facebook con una excepción central: las imágenes. Dado que Instagram se centra principalmente en un medio visual, querrás crear imágenes personalizadas que harán que una persona deje de desplazarse sin cesar y vea tu publicación. Esto significa que tendrá un diseño gráfico que llamará la atención por encima de todo. Es posible que deba dedicar un poco de tiempo a crear buenos anuncios visuales, pero valdrán la pena.

Instagram es una plataforma rápida y visual. Tendrá que mantenerse comprometido con la producción de contenido diario y el uso de los hashtags correctos si desea crecer. La autenticidad también es clave en Instagram. Intentar ser falso, promocionar en exceso sus productos y hablar con las personas con el único propósito de venderles se notará rápidamente y, como tal, le descontará. En cambio, manténgase genuino, amable y, sobre todo, centrado en proporcionar el mayor valor posible. Crecer un seguimiento de Instagram orgánicamente lleva tiempo, ¡pero vale la pena!

Capítulo 8: Utilizando Twitter para Marketing

Twitter es una plataforma para compartir contenido, tener debates y hacer eco de los sentimientos de otros, a menudo retuiteándolos en su propia página. Como herramienta de marketing, Twitter destaca por su capacidad para llegar a muchas personas a la vez. La naturaleza central del marketing de Twitter se basa en retuitear buen contenido. El contenido que llama la atención de un seguidor será retuiteado, lo que significa que los seguidores del seguidor podrán verlo. Algunos de esos seguidores podrían retuitear y pronto, podría tener una sola publicación distribuida en cientos de cuentas diferentes.

El marketing a través de Twitter es similar a Instagram en cierto sentido. Si bien el medio es visual y de texto, los principios son casi los mismos. Desea acumular seguidores produciendo buen contenido y, a su vez, generar confianza y una relación con esos seguidores. A continuación hay una serie de consejos sobre cómo aprovechar al máximo Twitter para el marketing en redes sociales.

Publicar a Menudo

A diferencia de Facebook, Twitter es una plataforma muy ocupada. Si bien los algoritmos de Facebook permiten publicar una vez al día para obtener visibilidad, el número ideal de tweets por día en Twitter es de alrededor de 5 a 6. Después de eso, la visibilidad comienza a disminuir. Por lo general, querrás publicar durante las horas pico de uso de Twitter, que son alrededor de las tardes, o entre las 5 y las 6 de la tarde. Puede utilizar el software analítico de un tercero, como Buffer, para determinar cuáles son los momentos pico para su audiencia. Al publicar durante estos tiempos, maximiza la posibilidad de que los usuarios vean sus tweets.

Retweetear a otros

Retweetear a otros es una excelente manera de fomentar la buena voluntad con la persona que está retweeteando. Crea una buena conexión entre los dos usuarios y, en el proceso, los alienta a ser recíprocos con su propio contenido. No siempre se requiere que retuitee los tweets de otras personas y exagerarlo puede parecer spam, por lo tanto, tenga cuidado. Busque publicaciones de buena calidad de sus seguidores para retuitear.

También puedes retuitear con tus propios comentarios. Esta es una excelente manera de comenzar un diálogo sobre el contenido que ha retuiteado. No se promocione aquí, por supuesto, sino que haga preguntas, haga un seguimiento y trabaje para fomentar una mayor conexión con el usuario. Cuando las personas se sientan comprometidas, comenzarán a involucrarse también.

Responde a las Menciones

Dado que Twitter se basa en la conversación, su empresa puede mencionarse ocasionalmente. Configurar una búsqueda de palabras clave que le avise cuando se menciona su negocio, o simplemente prestar atención cuando alguien lo menciona formalmente utilizando su identificador de Twitter lo coloca en una buena posición para responder a sus inquietudes rápidamente. Esto puede ser excelente para manejar los problemas de servicio al cliente que han ocurrido. Muchas veces, si un usuario no puede obtener la resolución a través de canales convencionales, como el correo electrónico, lo llevan a las redes sociales. Lo último que quiere cualquier empresa es que alguien hable mal de sus negocios en Twitter, especialmente si su problema es legítimo. Al estar atento a estas quejas, podrá apagar rápidamente cualquier incendio y, en el proceso, proteger su marca de posibles daños.

Crear Contenido de Formato Corto

Twitter sobresale en contenido de formato corto. Con un límite de caracteres de 280, tiene espacio para compartir algunas ideas en una sola declaración. A la gente le gustan los tweets porque las declaraciones breves y contundentes son fáciles de digerir y pueden generar mucho pensamiento. Si quieres hacerlo bien en Twitter, tendrás que aprender a elaborar buenos tweets. Por lo general, desea que su tweet refleje los valores de su empresa y sus pasiones. Mantener un tono constante es importante, pero trate de evitar ser demasiado formal y corporativo. Las personas que buscan una conexión cercana y una jerga corporativa que sea fría y sin sentido a menudo pueden abrir un muro entre usted y sus seguidores.

En cambio, manténgase cálido, agradable y humilde. Usa el humor tan a menudo como puedas al escribir tweets. Manténgase alejado de las bromas ofensivas o de mal gusto, pero siéntase libre de burlarse de las cosas que son exclusivas de su grupo demográfico objetivo. Cuanto más fáciles de relacionar sean sus palabras, más posibilidades tendrá un seguidor de ver a su empresa como algo más que otro traje que intenta venderlos como basura que no necesitan.

Precaución de Ejercicio

Twitter puede ser una poderosa plataforma de redes sociales, si se usa correctamente. En sus mejores días, Twitter es un gran foro donde todos pueden compartir sus opiniones entre ellos, participar en el discurso y compartir las cosas de su vida que les parecen interesantes. En sus peores días, Twitter puede convertirse rápidamente en una cámara de eco que se convierte en una multitud enojada, convirtiendo su ira o ira colectiva en algo que consideran inmoral o incorrecto.

Es importante tener cuidado al usar Twitter, ya que hay muchas cosas que pueden causar problemas en su cuenta. El más grande es cualquier forma de postura política. Debido a la naturaleza anónima de Internet, no hay consecuencias directas de ser parte de una mafia que amenaza o difama el nombre de una empresa. Si bien puede parecer una buena idea adoptar una postura política sobre un tema u otro, la naturaleza divisiva de Twitter garantizará que al menos un lado se acerque a ti si se dan cuenta de lo que estás diciendo. Como propietario de un negocio, debe trabajar para mantener su cuenta neutral, centrándose en las personas en lugar de la política. Esto te ahorrará un tremendo dolor de cabeza.

Además, debe tener precaución cuando se trata de comunicarse con otros. Evite cualquier tipo de postura negativa o agresiva con los usuarios. No se necesita mucho para que una persona intente comenzar una pelea de rencor, especialmente en línea. Resista el impulso de dejarse llevar por argumentos, desacuerdos o discusiones sin sentido que no llegan a ninguna parte. Recuerde, cualquier cosa que publique en Internet es para siempre. No permita que un intercambio acalorado con algunos trolls en Twitter lo perjudique a usted y a su empresa.

Programar Publicaciones con Anticipación

Como propietario de un negocio, probablemente tenga mucho trabajo por hacer en el día. Es posible que no tenga tiempo para sentarse y escribir cinco tweets de calidad cada día, y mucho menos para todos los días en un solo mes. Afortunadamente, hay sistemas de administración de terceros, como Buffer o HootSuite, que le permiten escribir tweets con anticipación para ser lanzados a una hora específica del día durante la semana. En lugar de tratar de trabajar cada día a la vez, será mucho más beneficioso si se toma un día para preparar todos los tweets de la semana. Entonces, de lo único que debe preocuparse es de responder a los comentarios y preguntas de las personas.

Publicidad

Publicar anuncios en Twitter será diferente a Facebook, principalmente porque las plataformas son propiedad de diferentes compañías. Por lo tanto, si decide que Twitter será la plataforma principal que desea utilizar, tendrá que pasar tiempo aprendiendo cómo funciona su sistema de publicidad. Afortunadamente, si bien la plataforma es diferente, el concepto central es el mismo. Creará una campaña publicitaria, utilizando objetivos específicos y solo se le cobrará cuando se cumplan esos objetivos.

Las campañas pueden ir desde ganar más seguidores hasta promocionar una aplicación específica y dirigir el tráfico a un sitio web.

La diferencia clave entre la publicidad de Twitter y Facebook es el precio. La publicidad en Twitter es un poco más cara, pero al mismo tiempo tiene una tasa de clics más alta que Facebook, lo que significa que más personas hacen clic en los enlaces provistos. Por supuesto, su kilometraje variará según los tipos de anuncios que esté ejecutando, cuáles sean sus objetivos y su presupuesto.

En general, Twitter es una excelente plataforma para ejecutar anuncios pagos, siempre y cuando se centre en Twitter como su plataforma principal. Si está haciendo malabarismos entre Facebook y Twitter, es posible que desee considerar el uso de Facebook para publicidad, ya que son una plataforma significativamente más grande que Twitter.

Capítulo 9: Utilizando YouTube para marketing

YouTube es una de las plataformas de contenido de video más populares del planeta. Todos los días, se ven cinco mil millones de videos mientras cientos de millones navegan y ven sus programas favoritos. YouTube es un dominador del mercado de videos en línea, cualquiera puede subir un video y si obtiene suficientes vistas, ¡incluso puede monetizar su trabajo!

Como vendedor de redes sociales, tiene dos oportunidades diferentes para usar YouTube. El primero sería crear su propio contenido y alojarlo en su propio canal. Esto puede ser una hazaña difícil y que requiere mucho tiempo, pero aumentará el tamaño de su audiencia y le dará un método directo y gratuito para comercializar productos a las personas.

La segunda oportunidad es aprovechar el sistema de anuncios de video de YouTube y pagar al mercado a través de YouTube. Esto le dará una gran audiencia y, dado que la mayoría de los anuncios no se pueden omitir, garantizará que tenga exposición. Exploremos cómo aprovechar al máximo ambas oportunidades.

Conviértete en un creador de contenido

Los creadores de contenido son un gran negocio en YouTube. Aquellos que pueden obtener un seguimiento lo suficientemente grande, incluso pueden trabajar en YouTube a tiempo completo, recibiendo cheques grandes de patrocinadores de anuncios que pagan grandes sumas de dinero. Sin embargo, llegar a ese punto requiere una cantidad significativa de tiempo, un plan de juego serio y, lo que es más importante, una disposición a trabajar largas horas y durante años para acumular tantos seguidores. Lo más probable es que, como propietario de un negocio, su enfoque esté en otra parte. ¡Pero eso no significa que no puedas construir un seguimiento tú mismo!

Al crear un canal que se centre en proporcionar soluciones a los clientes, mostrar demostraciones de productos y ayudar con las preguntas frecuentes, puede tranquilizar a los clientes potenciales sobre su legitimidad y el valor de su producto.

Armar tu canal

Al crear un canal, querrás pensar en el tipo de contenido que producirás. Intenta sentarte y crear un resumen de los diferentes tipos de videos que deseas hacer. Algunas categorías incluyen:

- Instruccional

- Cómo Hacer
- Unboxing
- Pantalla de Productos
- Detrás de Escenas
- Entrevistas
- Bocetos Cómicos
- Guías de Solución de Problemas

De estas categorías, piense en qué quiere que la gente visite su canal. ¿Desea atraer a los miembros de la audiencia con humor, con la esperanza de que luego vean sus videos más orientados a productos? ¿Desea crear un video que aborde una pregunta frecuente sobre cómo armar el producto? Cualquier estrategia está bien, siempre que esté dispuesto a desarrollar un cronograma de video en torno a esa estrategia.

Una vez que haya descubierto qué categorías de video desea ofrecer, deberá comenzar a crear los videos. Si bien la creación de videos está fuera del alcance de este libro, tenemos algunos consejos generales que ofrecemos para ayudarlo a aumentar sus posibilidades de lograr que un espectador siga viendo los primeros segundos.

Consejo 1: Ir al Grano

Resuelva el problema primero, luego póngalos a la venta. La mayoría de las personas que buscan soluciones tienden a sentirse frustradas ya, así que no aumente la frustración hablando de 4 a 5 minutos antes de llegar a la solución real del problema. En cambio, comience su video simplemente saltando directamente al punto que desea resaltar. No se concentre en la acumulación, especialmente si está haciendo un video de preguntas frecuentes o solución de problemas. La gente viene a YouTube en busca de respuestas rápidas y eficientes. Al omitir todos los "hola chicos" o "hoy vamos a hablar sobre ...", en realidad fomentará más buena voluntad de los espectadores y aumentará la posibilidad de obtener suscriptores en su canal.

Consejo 2: Use Artistas si es Necesario

Si no eres bueno frente a la cámara, si te cuesta obtener contornos o te sientes inmensamente incómodo siendo el portavoz, entonces sería una mejor opción contratar a un actor o simplemente usar a alguien más dentro de tu empresa para ser el intérprete para el video. Dado que YouTube es un medio visual, existe una expectativa de cierta apariencia de capacidad de rendimiento decente en el portavoz. Un altavoz pulido y articulado puede recorrer un largo camino para mantener la atención de un espectador. Y muchos videos de YouTube dependen de la personalidad. Un poco de personalidad puede ser muy útil, especialmente si el tema de tus videos no es especialmente glamoroso.

Consejo 3: Escriba un Guión por Adelantado

Para los primeros videos, puede que le resulte mejor escribir un guión por adelantado, de esa manera el intérprete tiene un punto de referencia para recorrer. Después de un tiempo, el portavoz probablemente obtendrá la capacidad de hablar de manera extemporánea, pero si recién están comenzando, tener un guión completamente desarrollado será útil. Además de mejorar el rendimiento, un guión también garantiza que se proporcionen todos los detalles relevantes durante el video. No desea omitir accidentalmente detalle importante y luego solo darse cuenta durante la edición, mucho después de que se haya guardado todo el equipo. Un guión le permite mantener todo bien y ordenado.

Consejo 4: No te Preocupes por la Perfección

Desarrollar videos para una audiencia de YouTube lleva tiempo dominarlo. Si te preocupas demasiado por la perfección, lo más probable es que tengas dificultades para producir algo al principio. A menos que esté trabajando con un presupuesto de video serio y haya contratado un equipo de producción, es probable que sus primeros intentos sean menos que geniales. Pero, como todo, encontrará que cuanto más produzca, mejor será. Cree videos, publíquelos y luego reciba comentarios a medida que los reciba. Recuerda, lo perfecto es enemigo de lo bueno. Es mejor que realmente publiques un video defectuoso que perder cientos de horas en un solo video para hacerlo "perfecto". Porque incluso entonces, una vez que se lanza el video perfecto, alguien, en algún lugar, encontrará algo de qué quejarse.

Consejo 5: Tome los Comentarios con un Grano de Sal

Debe estar dispuesto a escuchar los comentarios, después de todo, los comentarios son cómo las personas comunican elogios, disgustos, frustración y respuestas. Sin embargo, gracias al poder del anonimato en línea, puede tratar con comentaristas que simplemente buscan causar problemas al trollearlo o insultarlo. De hecho, los comentarios de YouTube se han convertido en el blanco de muchas bromas debido al comportamiento tóxico que muestran los comentaristas. Por lo tanto, debe estar dispuesto a mirar todos los comentarios con un grano de sal, sabiendo que aquellos que muestran comentarios especialmente hirientes o crueles son solo personas que buscan meterse con usted y causarle dolor sin más razón que lo encuentran divertido.

Estas no son formas válidas de crítica y deben ignorarse.

Con suerte, no tendrá que lidiar con estos trolls durante su búsqueda, pero si lo hace, recuerde un principio fundamental: no alimente a los trolls. Interactuar con ellos, responder a sus comentarios, pelear con ellos no cambiará de opinión, solo los alentará a meterse contigo aún más. Peor aún, es posible que pierda los estribos y escriba algo que realmente no debería escribir en línea. Como dice el viejo refrán, "nunca discutas con un idiota, solo te arrastrará a su nivel y te golpeará con su experiencia".

Crear Videos de Anuncios

YouTube La publicidad de YouTube puede ser bastante prometedora. Con la capacidad de controlar su presupuesto, pagando solo cuando se ven sus videos y la gran audiencia que usa YouTube todos los días, es posible que obtenga una mejor exposición que algunos anuncios de televisión en horario estelar. La advertencia aquí es que tendrá que poner algo de trabajo en el video que está haciendo, tendrá que verse más profesional que si simplemente estuviera haciendo videos regulares para publicar en su canal de YouTube. Esto significa que necesitará tener un presupuesto, una cámara de calidad decente y un buen guión que pueda transmitir su intención de manera rápida y efectiva a los espectadores.

Hacer un buen video publicitario no es una tarea pequeña y lo más probable es que desee contratar profesionales para escribir y producir el video. No tiene que ser una locura cara, pero puede esperar que la publicidad en video cueste significativamente más que la publicidad con imágenes fijas. Por otra parte, la publicidad en video también tiene un alcance mucho más fuerte, ya que, en YouTube, la audiencia es cautiva. Si está ejecutando anuncios de 6 o 15 segundos que no se pueden omitir, el espectador deberá ver el anuncio, especialmente si están en dispositivos móviles. Este tipo de exposición puede valer el precio más alto.

Configurar una cuenta publicitaria de YouTube requiere que tenga una cuenta de Google Ads. Como YouTube es una empresa propiedad de Google, eso significa que trabajará principalmente en la plataforma Google Ads para administrar, revisar y lanzar campañas publicitarias.

Para ejecutar un anuncio de video de YouTube, deberá tener el video ya cargado en su canal de video. Después de subir el video, puede seleccionarlo, el grupo demográfico objetivo y el presupuesto para la ejecución del anuncio.

Después de eso, se trata simplemente de ejecutar el anuncio y ver cómo funciona.

Análisis de Youtube

A medida que crea contenido y ejecuta anuncios de video, es de esperar que comience a experimentar un aumento de suscriptores. Desde su panel de video, podrá acceder a la página de análisis, para que pueda examinar en conjunto la cantidad de espectadores que recibe, el alcance de sus vistas y cosas como los mejores videos en el último mes. Presta mucha atención a la edad y el género de tus suscriptores, esto te ayudará a tener una idea general de quién se interesa por tus videos.

Descubrirá que, con el tiempo, cuantos más datos tenga que trabajar, más fácil será pensar en qué tipo de contenido crear. Por ejemplo, si ha estado haciendo un montón de videos de comedia, y un solo video instructivo, y el instructivo es su mejor video en todos los ámbitos, mientras que sus videos de comedia no son vistos, debe cambiar para enfocarse en dicha categoría. Siga a dónde lo llevan los datos. Si ciertos tipos de videos no funcionan bien, simplemente suéltelos. No necesita preocuparse por producir videos de bajo rendimiento, en cambio, concéntrese en producir más de las cosas populares. Dale a la gente lo que quiere, lo suficientemente simple.

En general, ya sea que desee crear contenido para poder aumentar el conocimiento de su marca y promocionar sus productos, o si solo desea hacer anuncios, YouTube es una gran plataforma para cualquier vendedor que tenga el tiempo y el presupuesto para estas más grandes producciones. Si bien el costo puede ser mayor, los rendimientos pueden ser bastante significativos a largo plazo.

Capítulo 10: Utilizando Snapchat para Marketing

Snapchat es quizás la más peculiar de las plataformas de redes sociales que existen. A diferencia de Instagram, Facebook o Twitter, que permiten que los usuarios se miren y se agreguen entre sí, no hay una función de búsqueda para los usuarios en Snapchat. En cambio, a cada perfil de usuario se le asigna un identificador único y un código QR que, cuando se le da a otra persona, se usa para conectar a los usuarios entre sí. Esto hace que Snapchat funcione de manera muy diferente a las otras plataformas. En lugar de generar grandes cantidades de contenido con la esperanza de crecer como seguidor, solo puedes convertir a las personas que ya están interesadas en tu marca para que te sigan en Snapchat.

Además, Snapchat solo deja publicaciones durante 24 horas. Después de ese período de 24 horas, la publicación se elimina y desaparece para siempre. Entre la incapacidad de acumular seguidores sin invitación directa y este límite de publicación, no sorprende que la base de usuarios de Snapchat sea más pequeña que la de Instagram. Sin embargo, esto no significa que Snapchat no tenga ningún valor para los vendedores. En verdad, Snapchat permite un tipo de marketing mucho más específico, para aquellos que ya son fanáticos de su marca.

El hecho de que las personas que te siguen se hayan tomado el tiempo y la energía para obtener tu nombre de usuario y seguirte en Snapchat significa que ya están invertidos en tu empresa en algún nivel. El público más pequeño e íntimo significa que tiene una gran oportunidad para generar interés en nuevos productos, mostrar imágenes y videos detrás de escena y, lo que es más importante, comunicarse con su cliente principal.

Si está buscando otra plataforma de redes sociales con el fin de crear seguidores, Snapchat no es para usted. La única forma de aumentar el número de seguidores es llevar a las personas de otra plataforma y luego dirigirlas allí. En realidad, esto no aumenta su número total de seguidores de marca. Sin embargo, si quieres tener una relación más cercana con tus seguidores, entonces Snapchat podría ser la herramienta que estás buscando.

Pero el hecho de que la gente te siga en Snapchat no significa que llamarás su atención automáticamente. Es probable que, si son usuarios diarios de Snapchat, tengan muchas personas a las que siguen y eso significa que deberá trabajar para mantener su atención. Esto se traduce en crear contenido de video interesante, tomar buenas fotos y trabajar para garantizar que se relacione con sus seguidores.

Snapchat es mucho más un medio activo. Dado que la naturaleza de los Snaps solo dura tanto tiempo, no pasará una cantidad significativa de tiempo planeando su contenido con anticipación. Solo puede compartir videos e imágenes tomadas con la aplicación Snapchat, lo que significa que tendrá que incorporar la creación de contenido durante todo el día. Dado que las instantáneas son de corta duración, tendrás que aprender a capturar eventos inesperados, tomar fotos rápidas que creas que interesarían a tus seguidores y planificar con anticipación lo que quieres tomar. Sin duda, esta es una habilidad que lleva tiempo desarrollar, pero con el tiempo, es posible que disfrutes de la capacidad de compartir momentos con tus seguidores.

Hay opciones de publicidad pagas a través de Snapchat. Sin embargo, en comparación con la pura efectividad de marketing de otras plataformas, como Facebook y Twitter, el sistema de publicidad paga de Snapchat se queda corto. Además, los puntos de precio de Snapchat son significativamente más altos que Facebook o Twitter. Hay algunas opciones de presupuesto para usar el nivel Discover de Snapchat, pero en su mayor parte, la publicidad de Snapchat es costosa y el ROI no es terriblemente aparente, especialmente con la forma en que la compañía cambia continuamente. Sin embargo, si tiene un presupuesto publicitario más grande y está buscando llegar al mercado joven, entonces la publicidad de Snapchat podría valer la pena.

Ganar Seguidores

Como no puede obtener seguidores a través del descubrimiento en Snapchat, tendrá que desarrollar otros métodos para generar seguidores. La forma más fácil sería simplemente compartir con todos en sus otras plataformas de redes sociales que ahora está en Snapchat. Muéstreles imagen de Snap o incluso cargue una imagen de su código QR, para que puedan escanearlo allí mismo.

Si ha establecido una relación de calidad con otra persona influyente en las redes sociales que tiene un fuerte seguimiento de Snap, puede preguntar si estarían dispuestos a promocionarlo en su propio Snapchat. Esta promoción es lo más cercana posible al descubrimiento en la aplicación, ya que si mencionan su manejo a su audiencia, las personas podrán seguirlo directamente sin tener que cambiar las aplicaciones.

Su sitio web también debe tener su identificador Snap junto con otros íconos de redes sociales, de esa manera las personas que navegan por su sitio pueden encontrarlo rápidamente. Si realmente desea que las personas sepan sobre su identificador de Snap, puede considerar incluso hacer una campaña de concientización de Facebook, con su identificador en el anuncio para que los lectores tengan acceso a él. Sin embargo, si hace eso, querrá desarrollar el anuncio para que dé alguna razón detrás de por qué las personas deberían estar interesadas en seguir su ejemplo. Quizás al ofrecer un descuento especial que solo está disponible en Snapchat, como un código de cupón que solo se puede ver durante 24 horas antes de desaparecer.

Suba buen contenido

Una vez que tenga seguidores, necesitará diferentes tipos de contenido para mantenerlos involucrados con usted. Como mínimo, debe tener el hábito de publicar una o dos veces al día, para asegurarse de permanecer en el radar de su audiencia. Estas instantáneas no necesitan ser pulidas, de hecho, muchas personas disfrutan de la naturaleza pura de Snapchat. En su lugar, intente simplemente tomar fotos o videos de lo que cree que los clientes disfrutarían viendo. Si tiene una hermosa vista de camino al trabajo, ajústela. Si alguien hizo un desastre terrible en la cocina, también. Intenta comenzar a pensar como un fotógrafo. Busque oportunidades para capturar en el momento historias que atraigan a su audiencia principal.

Además de las imágenes de la vida, hay otras formas en que puedes entusiasmar a tu audiencia dentro de Snapchat. Un gran ejemplo sería un concurso o sorteo. Haga que los usuarios le envíen instantáneas de algo relevante para su campo y luego, después de un corto período de tiempo, otorgue al ganador algún tipo de premio. Este tipo de concurso puede ser emocionante y aumentará el compromiso con tus seguidores.

Las ofertas por tiempo limitado, los cupones y las ofertas exclusivas pueden hacer maravillas no solo para impulsar las ventas, sino también para expandir sus seguidores, ya que se transmitirá de boca en boca que solo se puede obtener una oferta específica mediante el uso de Snapchat. Tenga cuidado con estos cupones, por supuesto, no desea abrumar a su audiencia con solo Snaps relacionados con acuerdos, ya que eso comenzará a parecer demasiado corporativo y puede causar una caída de seguidores.

Al final del día, Snapchat es una herramienta fantástica para conocer mejor a tu audiencia principal. La naturaleza de ida y vuelta de enviarse fotos entre sí y crear historias fomenta una sensación de conexión y unidad que la mayoría de las otras plataformas de redes sociales no tienen. Pero hay un mayor compromiso de tiempo con Snapchat que los demás. No puede planificar previamente el contenido y debe interactuar activamente con sus seguidores durante todo el día para mantener la relación. Si usted es alguien que prefiere ser práctico con su marketing en redes sociales, entonces esto es perfecto para usted. Sin embargo, si desea planificar el contenido, automatizar sus servicios y responder a los mensajes en su propio tiempo, es posible que Snapchat sea una plataforma demasiado agresiva para usar.

Capítulo 11: Utilizando Pinterest para Marketing

Mientras que otras plataformas de redes sociales a menudo cubren una amplia variedad de temas y temas, Pinterest se destaca principalmente como un vehículo para compartir imágenes de proyectos de bricolaje, comida y bebida y artes y manualidades. Las personas pueden "anclar" publicaciones en sus tableros, creando colecciones que luego comparten con otros. Esto permite que las publicaciones, también conocidas como pines, se compartan rápidamente entre los grupos demográficos interesados.

La base principal de usuarios de Pinterest son las mujeres, que representan más del 80% de la base de usuarios. Con Pinterest como un medio altamente visual, puede recordar bastante a las revistas de un hogar y jardín. Las personas que navegan en Pinterest no buscan conversar con personas de ideas afines, sino que buscan activamente proyectos, recetas e ideas. En otras palabras, están buscando algo para gastar su tiempo o su dinero. Esto hace que Pinterest sea un gran medio de comunicación social si eres alguien que busca promocionar tus artesanías o productos personalizados que se pueden utilizar en la elaboración, la cocina u otros tipos de proyectos en el hogar.

Entonces, ¿quién debería usar Pinterest para el marketing? Principalmente empresas que trabajan con productos que son visualmente atractivos. Los usuarios de Pinterest a menudo navegan y anclan con el proceso de pensamiento de "Agregaré esto a mi lista de deseos". Por lo tanto, idealmente, su producto debería ser algo que un usuario encontraría que vale la pena anclar en su tablero. Una vez clavado en un tablero, permanece allí, recordando constantemente al cliente potencial que el producto se puede comprar en cualquier momento. Además, aquellos que visiten el tablero de ese usuario también se encontrarán con el pin. Si lo desean, lo agregarán a su tablero, con la esperanza de que otros hagan lo mismo.

El potencial para que circule un pin en Pinterest es bastante alto. La cantidad promedio de veces que se repinta un pin es 10, lo que aumenta la cantidad de ventas orgánicas que puede generar con Pinterest. El único inconveniente de Pinterest es que es un medio altamente visual, lo que significa que deberá desarrollar contenido visual como el método principal para generar interés en su marca.

Usando Pinterest

Usar Pinterest es bastante simple de hacer. Deberá crear una cuenta, crear un perfil y luego, en la sección de configuración, convertirlo en una cuenta comercial. Una cuenta comercial le dará acceso a herramientas de análisis y publicidad que podrá usar para aumentar la cantidad de personas a las que llega cada mes.

Una vez que haya configurado su cuenta comercial y haya completado su perfil, ¡puede prepararse para comenzar a crear pines! Lo primero que querrás hacer es hacer un tablero. Su tablero será el área donde almacena los pines. Los usuarios también pueden seguir sus tableros, por lo que si no están interesados en su cuenta comercial completa, pero les gusta un solo tablero, técnicamente aún tiene un seguidor.

Los tableros están diseñados para cubrir ciertos temas, así que asegúrate de que cuando hagas el tablero, le des una buena descripción que cubra lo que publicarás. Las personas se suscriben a tableros específicamente para los temas que cubren, así que no intentes crear un tablero general. En cambio, puede crear varios tableros para diferentes categorías, si no están relacionados. Por ejemplo, si desea tener pines de productos y luego un pin de meme inspirador, podría ser mejor separarlos en sus propios tableros, a menos que estén unidos directamente de alguna manera.

Una vez que haya creado su tablero (o tableros), ¡está listo para comenzar a crear Pines! Crear un pin es bastante fácil. Todo lo que necesita hacer es seleccionar la opción de crear pin, agregar la imagen y luego escribir una descripción. Las palabras clave son extremadamente importantes aquí, ya que las personas encuentran pines generalmente escribiendo frases y palabras específicas en el motor de búsqueda. Cuanto más específica para el objetivo demográfico sea la palabra clave, mejor. Pero como con todas las cosas, evite el relleno de palabras clave e intente incorporar las palabras clave orgánicamente. ¡Entonces todo lo que necesita hacer es agregar su Pin al tablero correspondiente y listo!

Algunos consejos para recordar

Si bien es posible que esté entusiasmado con las perspectivas de tener una mayor tasa de adquisición de clientes a través de Pinterest, es importante recordar que este sigue siendo un sitio de redes sociales. Esto significa que debe estar dispuesto a interactuar con otros, comentar publicaciones, guardar los pines de otras personas en sus tableros y ser un estímulo general para los demás. Pinterest permite la publicidad pagada, conocida como Pines promocionados, que puede colocar los pines de sus productos frente a otras personas, por lo que deberían ser la vía principal a través de la cual se anuncia. Por lo demás, es lo mismo que cualquier otra plataforma de redes sociales. Construya relaciones, establezca seguidores y cree valor para otras personas.

Debes asegurarte de que cada Pin que crees tenga tu logotipo presente en alguna parte. Esto es para evitar que las personas tomen su imagen, la circulen por la web y no reciba el crédito adecuado. Esta marca de agua no debería ser abrumadora, solo en algún lugar que tenga sentido en la imagen. Esto asegurará que incluso si alguien toma su imagen y luego la comparte con otros en diferentes sitios de redes sociales, su marca seguirá siendo promovida.

Pinterest tiene muchos usuarios comerciales convencionales. Si desea aumentar su seguimiento y promover el conocimiento de la marca, es valioso observar negocios que sean similares a usted. Pase un tiempo mirando sus tableros de Pinterest y observe lo que hacen. Mire sus proporciones de promoción, qué tipo de tableros tienen, etc. Y luego, una vez que tenga una buena idea de cómo están promocionando sus propios productos, puede comenzar a imitarlos. Por supuesto, querrá dar su propio giro a las cosas, pero al seguir marcas más grandes y exitosas, podrá avanzar utilizando sus métodos para su propio beneficio.

Publicidad en Pinterest

Pinterest, como todos los otros sitios de redes sociales, ofrece la posibilidad de crear publicidad paga mediante Pines Promocionados. También funcionan de manera bastante similar a la publicidad de Facebook o Twitter, lo que le permite seleccionar entre objetivos específicos para aumentar la conciencia, impulsar el tráfico u obtener conversiones. Sin embargo, la pregunta que puede estar haciendo es si vale la pena pagar por la publicidad de Pinterest.

El principal valor que proporciona Pinterest es que los usuarios son altamente intencionales. Como Pinterest mismo menciona "A diferencia de otras plataformas, Pinterest no se trata de matar el tiempo. Se trata de encontrar algo que hacer o comprar". Esto significa que, de forma predeterminada, tratará con una población de usuarios que son menos resistentes a la conversión que otras plataformas. Facebook y Twitter requieren una cantidad constante de convencimiento para que los usuarios se muevan, ya que no están en esos sitios con el propósito de realizar compras. De hecho, si intentas publicitarte directamente a esos tipos, incluso puedes sentir resentimiento. El hecho de que

Pinterest solo tenga una tasa de conversión más alta significa que su dólar publicitario irá un poco más lejos en términos de compromiso y ventas.

Dado que las personas buscan Pinterest para impulsar sus decisiones de consumo, tendrá más oportunidades de realizar ventas difíciles a través de la publicidad de Pinterest. Y además de eso, el precio es bastante competitivo con Facebook. Solo paga por clic o por impresión, según los objetivos de campaña que haya establecido. Entonces, realmente, si ha invertido tiempo y dinero en hacer imágenes de buena calidad para campañas publicitarias y le gusta usar Pinterest, vale la pena usar su publicidad paga.

Pinterest es una bestia diferente de Instagram. Si bien Instagram puede ser muy centrado en sí mismo, Pinterest se trata realmente de pasatiempos, manualidades y creatividad. Las personas no inician sesión en Pinterest para ver qué están haciendo otras personas, sino para ver qué están creando las personas. Si está vendiendo productos o ideas que ayudan en la creación o son creaciones en sí mismas, entonces Pinterest es el medio de comunicación social perfecto para usted.

Capítulo 12: Consejos y Trucos para tener Éxito en el Marketing en Redes Sociales

Independientemente de las plataformas principales que decida usar, ya sea Instagram, Facebook o Pinterest, existen principios universales que deben respetarse a la hora de encontrar el éxito en el marketing en redes sociales. A continuación hay una lista de consejos y trucos que deben recordarse para aumentar sus posibilidades de alcanzar un verdadero éxito a través del marketing en línea.

1: No Puedes Forzar ser Viral

Casi todos los especialistas en marketing sueñan con que su contenido se vuelva viral. Algunas publicaciones, algunas fotos o bromas despegan repentinamente y antes de que tengas la oportunidad de reaccionar, ¡una ola de atención inunda tu producto y has ganado miles de seguidores! ¡Tal vez tu contenido llegue a las noticias de alguna manera! Casi todos los creadores de contenido comparten ese sueño, pero a veces los especialistas en marketing se entrometen demasiado en ese sueño y comienzan a perseguir seriamente convertirse en virales.

No puedes forzar que algo se vuelva viral. No hay nada de malo en esperar que tu contenido despegue, pero simplemente nunca sabes cuál será el resultado. En lugar de perder tiempo y dinero en personas que pueden prometer que algo se volverá viral, solo concéntrate en crear el mejor contenido que puedas. El contenido de calidad habla por sí mismo. Es imposible saber de antemano qué se volverá viral y qué no.

2: Aprende cómo Funcionan los Memes

Un meme es una imágen, a menudo de una persona o un perro, con subtítulos, que describe una idea, a menudo haciendo bromas sobre alguna parte de la cultura. Los memes son una forma de comunicación entre individuos y cuando uno se vuelve popular, puede circular por Internet con bastante rapidez. Algunos especialistas en marketing ven memes y piensan en crear uno propio, pero malinterpretan el propósito del meme y crean un meme que en realidad no funciona. No es divertido o no entiende cómo se usa el meme. Esto lleva a la imagen de que el vendedor está lamentablemente fuera de contacto o, peor aún, tratando de complacer a un público más joven sin perderse el punto.

No es necesario que cree o circule memes, pero muchas redes sociales se basan en el uso de estas imágenes como formas de comunicarse entre sí.

Los memes son una gran forma de entretenimiento visual corto que generalmente transmite una idea de manera rápida y efectiva. Si estás tan inclinado a crear el tuyo, asegúrate de entender el punto de un meme popular. Puedes buscar memes con bastante facilidad al buscar sus orígenes y usarlos en sitios web como KnowYourMeme. Estos sitios explican el punto de un meme específico y enseñan el formato de cómo se usan correctamente.

Este es un paso importante si desea ser conectado a la cultura actual de Internet. El mal uso de los memes a menudo es ridiculizado por la generación más joven, por lo que si les está promocionando, asegúrese de estar al día sobre cómo funcionan sus memes.

3: No Desdibuje las Líneas entre la Publicidad Paga y la Orgánica.

Al final del día, si quiere vender su producto, tendrá que gastar dinero en publicidad. Realmente no hay otra forma de evitarlo. Como dice el dicho, tienes que gastar dinero para ganar dinero. Sin embargo, algunos anunciantes consideran las redes sociales como una forma de eludir el pago del espacio publicitario. Esta creencia cambia la forma en que los anunciantes interactúan con sus seguidores. En lugar de querer proporcionar valor, las escalas se vuelven rápidamente y el anunciante usa las redes sociales para comercializar productos.

Por supuesto, los algoritmos castigan este tipo de comportamiento al reducir el alcance y evitar que el vendedor esté cerca de ser efectivo. Y los seguidores se cansarán rápidamente del comportamiento egoísta y dejarán de seguir o simplemente dejarán de prestar atención a los débiles intentos del anunciante para realizar una venta.

Si desea obtener resultados de marketing sólidos y efectivos, deberá pagar por la publicidad. El componente de redes sociales publicitará orgánicamente su producto a lo largo del tiempo y usted puede ganar ventas simplemente por tener presencia, pero sus acciones en esa plataforma están destinadas a reforzar la publicidad dolorosa. Los dos trabajan juntos en tándem. La presencia en las redes sociales le permite conectarse, encontrar un mercado objetivo y responder preguntas e inquietudes. El marketing pagado le permite poner directamente sus anuncios frente a ellos, con suerte convirtiéndolos.

4: La Autenticidad es Clave

No importa lo que esté haciendo en su comercialización, la clave es centrarse en ser lo más honesto y auténtico posible. Si realmente no te importan los memes, no los uses. Si detestas usar Twitter todos los días, no desperdicies tu energía en él. No tiene que hacerlo todo cuando hace marketing en línea, porque si viene de un lugar no auténtico, las personas podrán detectarlo. En lugar de ir en contra de sus pasiones, siguiendo tendencias únicamente por el bien de ganar dinero, manténgase fiel a su corazón y a su misión.

Las redes sociales no se trata de convencer a la gente de que compre tu producto, en realidad, se trata de convencer a la gente de que te compre y lo que estás haciendo. Si está cambiando su imagen, solo para que las personas estén interesadas en su producto, entonces están comprando un fraude. No habrá mucha conexión honesta entre usted y sus seguidores. Comparte tus pasiones y busca a las personas que también las comparten. Esto creará relaciones más fuertes y los convertirá.

5: Recuerda la Regla 80/20 de las Redes Sociales.

Para evitar desdibujar accidentalmente las líneas entre el marketing orgánico y el pago, es útil cumplir con la regla 80/20. En pocas palabras, el 80% de las publicaciones que hagas deben ser para proporcionar valor a otras personas. Esto significa que la mayoría de tus publicaciones que haces en las redes sociales deben ser contenido para mejorar, elevar y ayudar a otros. Y el 20% de sus publicaciones deben ser sobre usted, su negocio o sus productos. Esto le permite un buen equilibrio entre ayudar a los demás y ayudarse a sí mismo. Si esa proporción es demasiado sesgada, podría terminar pareciendo un farsante.

Entonces, por cada 10 publicaciones que hagas, 8 deben ser contenido valioso para los seguidores y 2 deben ser contenido valioso para ti. Por supuesto, querrá difundir esto para que las publicaciones de autopromoción estén salpicadas aquí y allá, intercaladas entre otras publicaciones de excelente valor.

6: Crea un Calendario de Contenido

Es muy probable que sea una persona muy ocupada. Administrar una empresa requiere mucho trabajo y administrar las redes sociales requiere mucha consideración para funcionar de manera efectiva. En lugar de tratar de planificar su contenido de redes sociales día a día, lo que sin duda puede ser agotador, debe trabajar para desarrollar un calendario de contenido.

Un calendario de contenido es donde planifica con anticipación todos los tipos de contenido que publicará, qué plataformas y cuándo. La mayoría de las veces, será útil planificar todo el contenido que tiene la intención de publicar en un documento visual. Hay muchos calendarios de contenido en línea que pueden ayudar con este proceso de planificación. Planear con anticipación es muy importante porque le permite crear semanas temáticas. Si sabe que tendrá un lanzamiento de producto en seis semanas, su calendario puede estar lleno de pequeños adelantos e insinúa que algo bueno vendrá en el futuro.

7: Use un Agregador de Plataforma

El uso de múltiples plataformas puede ser excepcionalmente agotador si está trabajando por su cuenta. Pasar tiempo yendo de Twitter, Pinterest y Facebook para hacer tus publicaciones diarias no solo consume mucho tiempo, sino que también desperdicia mucha energía. Afortunadamente, hay empresas que trabajan como agregadores de plataformas, lo que le permite hacer publicaciones para seleccionar medios de comunicación social desde un solo sitio web. Algunos de estos agregadores ofrecen servicios gratuitos, con funciones pagas que pueden ahorrarle un tiempo valioso. Los sitios web como Hootsuite o Buffer le permiten no solo hacer publicaciones a través de un sitio web, sino también planificar publicaciones con anticipación. Eso significa que puede tomar el calendario de contenido que ha desarrollado y luego prepararlos para su publicación, a menudo con días o semanas de anticipación.

Esto puede reducir significativamente la cantidad de tiempo que pasas en las redes sociales haciendo publicaciones. Eso te libera para concentrarte en responder, comentar y volver a tu trabajo habitual. Todavía puede interactuar con otros en cada plataforma, pero no se le pedirá que salte constantemente de una plataforma a otra para hacer las cosas.

8: Crear Contenido Perenne

Perenne es un término que significa que el contenido en sí mismo no envejece. Esto le permite reutilizar ese contenido más adelante, incluso dentro de unos años. El contenido perenne es útil por múltiples razones, la primera es que no importa cuándo una persona acceda a ese contenido, no estará desactualizado. Por ejemplo, si escribiera un artículo sobre el control de plagas, sin mencionar el año actual o cualquier referencia que solo tuviera sentido para una persona durante el período actual, podría reutilizar ese artículo cada año.

Es importante que a medida que trabaje para crear contenido que permanezca siempre, como una forma de reducir costos en el futuro. Mientras más contenido perenne desarrolle, menos tendrá que gastar cada año, ya que simplemente puede recircular lo que ya tiene. Ahora, hay que admitir que no todas las piezas de contenido que hagas serán perenne, a medida que finalicen las promociones, los gustos cambien y las culturas cambien, pero al menos debes esforzarte por hacer la mayor cantidad de contenidos perennes que puedas durante los primeros años de creación de contenido.

9: Mantente al Tanto de las Novedades

Las redes sociales son una plataforma que cambia rápidamente. Las cosas pueden suceder en un abrir y cerrar de ojos que cambia radicalmente la forma en que los anunciantes ven ciertas plataformas. Una mala actualización, una mala decisión del CEO o una demanda repentina pueden alterar drásticamente las perspectivas de un medio de comunicación social. Realmente no hay forma de prepararse para el futuro de las redes sociales, pero si se mantiene al día con las noticias, debería poder reaccionar adecuadamente. Las políticas pueden cambiar y, a veces, esas políticas pueden destruir una empresa que no está prestando atención a las noticias. Debe ser, en el mundo de las redes sociales, como un tiburón, siempre en movimiento para sobrevivir. Así que asegúrese de estar siempre revisando las noticias, leyendo informes y prestando atención a los cambios en la mentalidad del consumidor. Las personas pueden acudir rápidamente de una plataforma a otra y si no estás en la cima de tu juego, podrían terminar dejándote atrás.

10: No Dejes de Publicar

Independientemente de la plataforma que haya elegido, debe recordar seguir publicando tanto como se recomienda. Hay tantas cosas por ahí que constantemente compiten por la atención de una persona y las brechas largas pueden matar el interés de una persona en su marca. Las publicaciones no siempre tienen que ser de primera categoría o publicaciones de alta calidad, pueden ser tan simples como publicaciones, citas inspiradoras o imágenes divertidas, pero lo importante es que no tengas vacíos considerables en tu agenda de publicaciones. ¡Podría estar perdiendo el alcance, nuevos me gusta o incluso clics en el sitio web!

11: Apuntar hacia el Producto

Como comercializador de redes sociales, puede ser emocionante ver un mayor número de seguidores y me gusta en la página. Ver un tuit despegar de repente y obtener miles de Me gusta realmente puede hacerte feliz y, a su vez, puede apuntar a concentrarte cada vez más en conseguir esos dulces Me gusta. Sin embargo, los me gusta, los seguidores o los retuits no tienen valor en efectivo. Al final del día, debe mantenerse en el punto. Su objetivo es mover a las personas de su Facebook, Twitter o Instagram al lugar donde está vendiendo sus productos o servicios. Los me gusta y los seguidores son simplemente un medio para llegar a lo que realmente importa.

Por lo tanto, es de suma importancia no perder el tiempo tratando de mover a las personas de una plataforma de redes sociales a otra. Es posible que tenga un gran número de seguidores en Twitter, pero una pequeña cantidad de me gusta en la página de Facebook. En lugar de gastar su tiempo, esfuerzo y energía tratando de hacer que sus seguidores de Twitter le den me gusta en Facebook, concéntrese en atraerles más interés en lo que tiene para ofrecer. No hay nada de malo en mencionar otras plataformas, pero cuando comienzas a hacer una campaña activa para mover a las personas de una plataforma a otra, las cosas comienzan a complicarse un poco. Pregúntese, ¿preferiría que un seguidor visite su sitio web o lo siga en otra plataforma? ¿Cuál tiene más posibilidades de conseguir una venta?

12: Ten un Buen Diseño Web

En general, su sitio web es, en última instancia, donde querrá que su audiencia termine. El sitio web será donde vendas tus productos o servicios y, como tal, debe verse bien. Tampoco tiene que gastar una fortuna en diseño web, ya que hay muchos sitios web que ofrecen plantillas elegantes o diseño de arrastrar y soltar para ahorrar dinero a largo plazo.

Las personas tampoco buscan mucho cuando se trata de diseño web. La navegación clara, una cantidad mínima de ventanas emergentes y la capacidad de ver lo que es más importante rápidamente son todo lo que los clientes desean. Los esquemas de color ofensivos, el desorden y los menús difíciles de navegar pueden volver a un cliente en su contra. Algunos incluso podrían simplemente salir del sitio web, en lugar de trabajar para descubrir cómo moverse. Esto puede parecer duro, pero debes recordar que estás compitiendo contra cualquier otro sitio web bien diseñado. La gente no quiere perder el tiempo en un sitio web malo cuando hay miles de otros más funcionales para usar.

Una nota más sobre el diseño web: sobre todo, debe asegurarse de que su sitio web se cargue rápidamente. Independientemente de si el tráfico proviene de anuncios pagados o de enlaces en los que se hace clic en sus publicaciones en redes sociales, las personas no pueden cumplir con los sitios web de carga lenta. De hecho, se estima que casi el 40% abandona un sitio web si tarda más de tres segundos en cargarse. Esta tasa de abandono es simplemente brutal. ¡Asegúrese de tener un sitio web de carga rápida, o puede terminar perdiendo el 40% del tráfico que pagó!

13: Blog Invitado

Una excelente manera de difundir su nombre, identidad de redes sociales y marca es participar en los blogs invitados. Los blogs invitados implican invitar a alguien bien establecido para escribir una publicación de blog en su sitio web, o pedirle a un blog bien establecido si puede escribir una publicación para ellos. Los beneficios de los blogs invitados son enormes y pueden ser mutuamente beneficiosos para ambas partes.

Cuando un blogger escribe en su blog, transferirá una parte de su audiencia a su sitio web, lo que los hará conocer su marca y puede llevarlos a leer más de su contenido. Del mismo modo, si puede escribir en su blog, ahora habrá un enlace que conduce a su sitio web al que los lectores podrán acceder. Lo que hace que esto sea mutuamente beneficioso es que ambos están compartiendo sus audiencias entre sí.

Por supuesto, no hay garantía de que pueda encontrar un blogger invitado que esté interesado. Pero al mismo tiempo, realmente no hay ningún riesgo al tratar de localizar un blogger y luego enviarles un correo electrónico, haciendo una solicitud humildemente.

14: Las imágenes son valiosas

Dicen que una imagen vale más que mil palabras, y en el caso de las redes sociales, las imágenes pueden valer mucho más que eso. Los lectores suelen cubrir grandes paredes de texto, pero una imagen interesante o divertida con algunos subtítulos les llamará la atención rápidamente. Si desea obtener más participación y hacer circular su contenido aún más, pero no encuentra resultados actuales, intente publicar más imágenes.

15: Use Asistentes Virtuales

Si encuentra que tiene problemas para hacer malabares con su carga de trabajo habitual y las redes sociales, pero no quiere contratar a un coordinador de redes sociales a tiempo completo, ¡no se preocupe! Siempre puede contratar a un asistente virtual para que haga la mayor parte del trabajo por usted. Al usar un sitio independiente, puede contratar a alguien para que trabaje a tiempo parcial o incluso tarea por tarea para aligerar su carga de trabajo. La mayoría de los asistentes virtuales están familiarizados con las redes sociales y no requerirán mucha capacitación. Luego, puede darles instrucciones sobre qué contenido desea crear o qué tipo de publicaciones desea que planifiquen con anticipación. Al subcontratar parte del trabajo ocupado, se le libera para concentrarse en otras tareas más exigentes.

Conclusión

El marketing en redes sociales ha abierto las compuertas para que miles de pequeñas empresas, artistas y operadores independientes compartan sus productos con el mundo. Con paciencia y disciplina, es posible utilizar el poder del colectivo para aumentar la cuota de mercado y la popularidad de lo que crea. Pero como todas las cosas, el marketing es un viaje y existen peligros y dificultades. Puede que no termines viendo resultados de inmediato, ¡pero no te desanimes! Aprender a comercializar a través de las redes sociales es fácil, pero dominarlo requiere mucho tiempo y esfuerzo. Cuanto más aprenda cada día, a través de pasos en falso y errores, le enseñará cómo mejorar.

Puede haber una tentación de mirar a sus competidores y pensar "Nunca tendré tanto éxito como ellos", pero no ceda ante esos pensamientos. Este viaje no se trata de otras personas o productos, sino de usted y su visión única. Las redes sociales, por encima de todo, nos permiten conectar personas de ideas afines. Alguien, en algún lugar, está buscando exactamente lo que tienes. Todo lo que necesitas hacer es estar dispuesto a seguir tratando de encontrarlos. Mientras te mantengas enfocado, estudies los datos y sigas publicando, ¡no puedes fallar! ¡Todo lo que se necesita es tiempo y disciplina para construir su negocio para que sea exactamente lo que imagina! ¡Mucha suerte!